優渥叢書

160張圖學會

博弈選股
撲克交易法

股市贏家の 11 堂課，
教你投資其實也是一門科學！

U0072584

孟慶宇◎著

 CONTENTS

第 1 章　數據分析 VS. 交易系統

第 2 章　博弈機率 VS. 短線時間

第 3 章 **道氏理論 VS. 判斷趨勢**

第 4 章 **演算統計 VS. 漲跌規律**

第 5 章 **一小時學會 RangeBreak 交易預測系統**

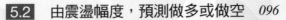

第 6 章　頂尖交易員用的海龜交易法，每年 80% 的複利

第 7 章　三重濾網法，有效避免風險！

第 8 章　良好的資金管理，是永遠不下「牌桌」的保證

第 9 章　菲阿里四價的回測系統，算出……

跟著我學「規律簡單、方法容易」的股市操作法！

　　我是曹雪芹先生的忠實粉絲，研究《紅樓夢》是我的業餘愛好。周汝昌先生是紅學大家，我多選其晚年的著作來閱讀，比如《石頭記會真》。為什麼呢？研究人文科學的人，其閱歷越多，對於問題就想得越明白，所以其晚年著作乃是融合了其學識和閱歷之作，更能展現出研讀的精髓。

　　熟悉我的人都知道，我以前寫的文章、評論，每個觀點必有 5 個以上的論據支撐，雖然說起來有理有據，做起來卻無處下手。正所謂：「全是重點，就沒有重點；全是觀點，就是沒有觀點」。無招勝有招，實則是指閱招無數之後，才能返璞歸真。只有經歷了從肯定到否定、從否定到否定之否定的過程，才能真正看透現象、直視本質。不經歷，怎能成長；沒有風雨，何來彩虹。

　　我認為求細節、求分化、求條理，求的是「為學日益」，方法越多越好。但把書讀薄，必須要「為道日損」，規律越簡單越好，道理越明確越好，方法越容易越好。總而言之，就是「損之又損，以至於無為，然後無為而無不為」。

　　股票交易是一件非常簡單、平常的事，與一般的工作也並無區別。只因市場的回饋機制特別快，很多人就把股票交易歸為一種特殊的行業。就連我的母親耳濡目染十幾年後，還在說我的工作就是碰運氣。

股市交易很簡單：兩步驟、一策略和資金管理

　　如果你想開一家小超市，大致可以分成選地點、租房、進貨這三個步驟，你必須一步一步、有條不紊地進行下去。只是在交易中，誰會漲誰會

7

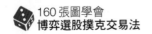
跌，無從分析。就開一家超市而言，你在選地點的時候會查看客流量、在租房的時候會考慮 CP 值、在進貨的時候會考慮成本。但為什麼投資人在股市交易中，卻不知道該考慮哪些因素呢？有人把這歸結為隔行如隔山，認為股票交易太不世俗化了，很難讓一般人融入，其實這種理解是錯誤的。

你很難想像利用機率論是如何贏得博弈的，其實把博弈用一句話總結，無外乎點數組合和牌型組合。拿最簡單也最廣泛的 BlackJack（21 點）來說明，應該怎麼下注呢？用什麼方法才能玩得好呢？就是機率！根據機率歸納後，自有一套系統化的方法。所以，只要瞭解怎麼把BlackJack玩好，其實就瞭解了股票交易的內在含義。

在股票市場中所謂的交易，歸納後無外乎就是價位組合和漲跌方向，這其實比最簡單的 BlackJack 還要簡單。**博弈只有兩步驟、一策略和下注方法；交易也只有兩步驟、一策略和資金管理。**所以在前兩章中，說明基本理念的同時，我會教大家如何用機率策略來玩轉 BlackJack。

在解決所有模組之前，我會在第3章中教大家一個非常重要的篩檢程式。使用這個篩檢程式，能夠在上升趨勢中，過濾掉所有做空的想法；在下降趨勢中，過濾掉所有做多的想法。它會給你一個大方向，並且在方向沒有改變之前，讓你只追隨這個方向，使你的策略有更高的準確率。

這個篩檢程式是什麼？是道氏理論。可能有人會嘲笑我拿這麼「老」的理論來打發大家。「下士聞道，大笑之，不笑不足以為道」，道氏理論確實太老了，老到大家可能已經忘記它了。但我想告訴大家的是，技術分析的發展史就是一部對道氏理論的量化史。本書第9章分別闡述了趨勢線、價格形態、波浪理論、混沌理論等4種經典技術分析方法，對道氏理論進行4次量化。技術分析越向後發展，對道氏理論的量化越精密。所以你平常所看到的，不過是「為學日益」的表現形式，而真正的「為道日損、損之又損」，最終還是要回歸道氏理論。

交易從來不是預測，而是跟隨真實數據

求細節，求分化，就是將交易解構成兩個模組，每個模組分別解決。關於策略部分的解決方案，本書提供了我一直在用的 RangeBreak（區間突

破）系統、海龜法則、三重濾網、ATR（平均真實波動）通道、菲阿里四價等 5 套解決方案。

本書第 5 章、第 7 章和第 9 章，都在詳細講解這些解決方案。你會看到這些策略為什麼會被發明、它們的理論基礎是什麼、它們的優勢如何被發揮，它們的劣勢如何被迴避。策略由大量的統計數據、系統優化數據、回測數據和系統評測數據構成。本書有大量的回測數據，並且絕不是擬合而來的。我在書中會告訴你，這種回測是用什麼演算法得出的，這種回測的進化演算法得到的回測數據，其實就是真實的交易數據。

如果你翻看了本書的前半部分會發現，一本教人如何進行交易的書竟然幾乎沒有圖例。確實如此，這也是本書的最大特色之一。**市場上大多數的書教給你的都是預測方法，而本書將要告訴你，交易從來不是預測，而是跟隨。**

第 8 章是另一個模組——資金管理。為什麼策略有那麼多的內容，而資金管理卻很少呢？難道策略比資金管理更重要嗎？其實恰恰相反，策略隨手可得，而資金管理卻是讓你能永遠不下「牌桌」的保證。只要不下「牌桌」，你總能等到機會。但真實的情況是，資金管理雖然重要，但展開以後並沒有太多的話可說。資金管理的方法很簡單，頂多就是加減乘除四則運算，所以它的地位雖然重要，但在本書中所佔的篇幅卻不是很大。

大道至簡，**不論採用哪種技術分析方法，都只是道氏理論的不同的表現形式，因此應該用最基本、最簡單的方法來界定道氏理論，進一步說就是界定趨勢。**關於界定趨勢，我在文中反覆提及 3 個非常簡單易行的工具——123 法則、2B 法則、反出擊日法。

交易是什麼？辨別趨勢、統計機率、制定策略、管理資金，細分後只有這 4 步。交易很簡單，制訂你的計畫、執行你的計畫，不過如此。交易的關鍵在於執行，所以我在最後一章講解了如何做到知行合一。做到了知行合一，就掌握了交易的全部秘密，你最後需要的僅僅是時間罷了。獲利靠時間沉澱，靠機率放大。希望知行合一成為你的手段，時間能成為你的朋友，幫助你沉澱獲利、放大獲利。

第**1**章

數據分析 VS.交易系統

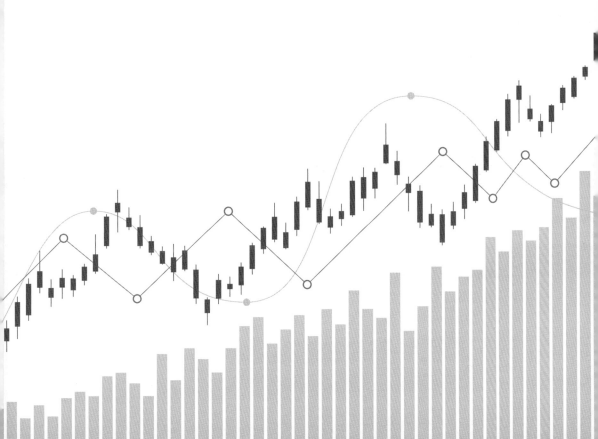

1.1

短線交易只關注當下，
一天就能學會

本書開篇不會馬上給你一個方法，讓你照著做；當然，就算給了方法，你聽了也未必會照著做。所以我還是決定先講解觀念方面的內容，經由講解，你將以全新的視角看待整個市場。

下面這個故事是我在比爾・威廉姆斯（Bill Williams）的《混沌操作法》中看到的，相當有意思，我將原文摘錄如下。

印度有一位學生想成為真正的智者，於是，離開家去尋找大師來指導他。他停留在一位大師的住處，請求大師開導希望能成為智者。這位大師說：「成為智者實際上非常簡單。你需要做的僅是立即回家，然後每天晚上坐在一面鏡子前30分鐘，並以相同的問題不斷地問自己。這個問題是『我是誰？』」這位學生回答道：「不可能如此簡單。」

「不，就是如此簡單。」這位大師說：「如果你還需要參考其他意見，那麼這條街上還住著幾位大師，你可以去請教他們。」

「非常感謝您。」這位學生說，「我打算繼續向其他大師請教。」

他來到第二位大師的住處，並提出了相同的問題：「我如何成為一位智者呢？」第二位大師說：「這非常困難，而且需要相當長的時間。事實上，你必須隨同修行所內的其他學員從事沙哇（sava）。沙哇是『無私工作』的意思，所以你必須從事沒有報酬的工作。」

他聽了十分高興，因為這位大師的說法，比較接近自己對於智者的看法。他聽說從事沙哇是一種非常艱難的修行。這位大師接著告訴學生，修行所內目前僅有清洗牛欄的工作。如果真心想成為智者，將分派他去鏟牛糞，並負責牛欄的清潔工作。學生欣然接受，並相信自己已經踏上了正確的道路。

　　這位學生每天不斷地鏟牛糞並清洗牛欄，漫長的 5 年過去了，他逐漸失去耐性，而且覺得很失望。於是向第二位大師請教：「尊貴的老師，我已經忠誠地為您服務了 5 年，清洗修行所內最污濁的地方。我不曾休息一天，也不曾抱怨。現在是否該啟發我成為智者的時候了呢？」

　　「當然，我相信你已經準備妥當了。現在我告訴你該怎麼做。你立即回家，然後每天晚上用 30 分鐘的時間望著鏡中的自己，並以相同的問題不斷問自己。這個問題是『我是誰？』」大師回答道。

　　這位學生非常驚訝地說：「對不起，尊貴的老師，這條街上另一位大師在 5 年前便如此告訴我了。」

　　「嗯，他說得沒錯。」大師回答道。

　　本書的主旨是短線交易。**短線交易意味著不關注宏觀經濟，不關注幾年內的大趨勢，不關注貨幣政策，不關注生產成本，不關注財務報表，或者可以說只關注當下**。要短線交易者去研究宏觀經濟的 5 年計畫，那純粹是浪費時間。就好像你要從哈爾濱開車到成都，卻拿著一張阿爾巴尼亞的地圖，根本找不到正確的路。

　　直奔短線主題，找到短線關鍵。就像只有使用正確的地圖，才能把我們指引到正確的地方。所以，千萬不要以非短線的眼光去看待短線交易，別走冤枉路。

　　其實，獲利的交易方法非常簡單，10 年來我就是靠著這些簡單的方法在維持並改善生活。這種方法，一個不是十分愚笨的人，在不到一天的時間裡就能掌握。換一個角度來說，如果你的投資大都是虧損的，那對你來說，虧損是很容易的。那麼你試著想一下，把這一切都反過來，那麼獲利也一樣容易。

　　在交易行業中，只有輸和贏，並且是瞬息可證的。沒有沿途的風景多美好這一說，我們只以成敗論英雄。而成敗的衡量標準就是獲利，看的對但做不對，那還是失敗，且沒有任何意義。

市場永遠不會犯錯，
投資人要靠自己減少犯錯

我和一個朋友初玩撞球的時候，比分追得很緊，從這一點說明我們倆都是新手。如果你也有過同樣的經歷就能體會，自己贏的分數大都不是因為打進了球，而是因為對手犯規了。

自己得分和對方失分看起來結果是一樣的，但兩者絕對不是一回事。就像股票市場永遠不會犯錯，它不會「失分」給你，相反只有你會「失分」給市場。所以絕對不可能靠市場犯錯而獲利，只能靠自己的能力讓自己「得分」。

在兩個新手之間的遊戲中，沒有一方打敗另一方的情況，因為雙方都是輸家，而所謂贏的一方，只不過是犯錯比較少的一方而已。自己不斷地犯錯給對方送分，說到底是自己打敗了自己。由於市場不會犯錯，或者說市場很少犯錯，如果不能與市場勢均力敵，你就很難「得分」。

同理，所有在市場中的人都是輸家，這是輸家的遊戲。如果你犯的錯誤少，其他人會「送分」給你；如果你犯的錯誤多，你會「送分」給別人。如果說整個市場是人與人的戰爭，一點都不過分。

而戰爭就是最極致的輸家遊戲。在戰爭中錯誤無可避免，決定戰爭輸贏的基礎，是對敵方力量以及敵方意圖的評估和情報。這種評估經常發生錯誤，情報也從來不完整，還經常出現假情報導致對敵方判斷失誤。所以在其他一切條件相同時，最少犯戰略錯誤的一方會贏得戰爭。

這就是為什麼大師總是說一些原則正確卻沒有操作性的話，比如「獲利的秘訣是避免虧損」。但這是真理，其實大師們就是想告訴你——少犯錯。由此，我們可以得出結論：如果想在輸家遊戲中獲利，唯一的方法就是發現且利用他人的錯誤，或者走在他們的前面。

1.3

永遠別小看複利的力量

別一心想著暴富，凡是超過長期存款利率或者長期債券利率的投資，都存在較大的風險。一般人只看到獲利，卻忽略了風險的存在。即使有風險意識的人，也會對自己的能力和得到好運氣的假設太過樂觀。

想在市場中獲利，就要做好長遠的打算，特別是年輕人。運氣誰都有，但不是總會有，人不能靠運氣活著，所以股票投資是一項工作，而不是遊戲。在這裡你要先端正三觀，才能有所作為。

為什麼說年輕人在市場中端正三觀特別重要呢？這就需要仔細地算一筆帳。很多人以為，一入股市沒有足夠的資金怎麼能行呢？其實不然，股市中也有價格較低的股票，因此年輕人是可以在剛開始的時候，以較少的錢入市的。

但這麼說有些太極端了，假如你現在能拿出 1 萬元，每年的利潤率為 20%。第一年的本利和為 1.2 萬元，第二年的本利和為 1.44 萬元，5 年共有約 24,883 元，10 年共有約 61,917 元，20 年共有約 383,376 元。

你可能覺得 38 萬元不算多，那我再給你算一筆帳。年利率依然為 20%，但是每年都投入 1 萬元。那麼第一年年末時的本利和為 1.2 萬元，加入新投入的 1 萬元，變成 2.2 萬元。第二年年末時的本利和變成 2.64 萬元。第二十年年末的本利和大約 225 萬元，具體見表 1-1。而圖 1-1 所示，為兩種方法的資金增長曲線。

經過 20 年，只投入 1 萬元的獲利雖然比每年投入 1 萬元的獲利少很多，但是本金也少。不過 38.34 萬元的結果，對於 1 萬元的本金來說已經很多了。如果我們一次性投入 20 萬元呢？圖 1-2 所示為年利率為 20% 時，一次性投入 20 萬元和連續 20 年每年投入 10 萬元的獲利對比。

表 1-1　連續 20 年 20% 複利獲利表

年數	只投入1萬（元）	每年投入1萬（元）
1	12,000	22,000
2	14,400	36,400
3	17,280	53,680
4	20,736	74,416
5	24,883	99,299
6	29,860	129,159
7	35,832	164,991
8	42,998	207,989
9	51,598	259,587
10	61,917	321,504
11	74,301	395,805
12	89,161	484,966
13	106,993	591,959
14	128,392	720,351
15	154,070	874,421
16	184,884	1,059,306
17	221,861	1,281,167
18	266,233	1,547,400
19	319,480	1,866,880
20	383,376	2,250,256

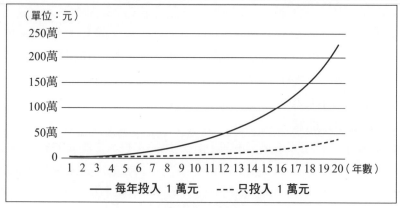

▲ 圖 1-1　兩種投資方法的資金增長曲線

　　這就是雲泥之別了，但這一秒的錢比下一秒的錢更值錢，因為不是所有人都可以一次性投入 20 萬元的。你選擇哪種投入方法，結果都不會太差，都能獲益。

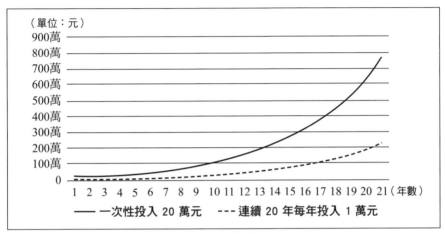

▲ 圖 1-2　獲利對比

　　不論是給自己，還是給父母、子女，都可以製訂一個這樣的計畫。我為投資人分析這個例子時，大部分的人會提出兩個問題。

　　第一，怎樣才能每年獲利20%，不會虧損嗎？

　　我寫這本書的目的就是要告訴你，每年獲利 20% 的方法，只要你不貪婪，都可以做得到。這個問題可以拆解成兩個步驟：首先你認為獲利 20% 不難，難的是每年都獲利 20%，方法其實有，就看你的執行力了；其次，如果你認為獲利 20% 也很困難，那每次獲利 5%，你一年內交易 4 次也可以達到 20%；或者每次獲利 2%，一年內交易 10 次；甚至 1%，一年做 20 次。

　　第二，雖然 20 年後有 200 多萬元，可那時候還值現在的 200 多萬元嗎？這純粹屬於邏輯的問題，所以不需考慮到時候會怎麼樣，如果你現在不這樣做，20 年後你連 200 多萬都沒有。

　　因此，在市場中要先端正三觀，不急不躁。獲利一靠時間沉澱，二靠機率放大。

1.4

從分析數據開始，
重新建立你的交易系統

在交易中獲利是一件非常簡單的事，任何人在任何時間的任何一筆交易中都有可能獲利。黑猩猩擲飛鏢比專家厲害，這個故事你一定聽說過吧。可交易獲利難在哪兒呢？難在持續穩定獲利，比如說你在今後的 10 年中都能獲利。再加一個條件，在此期間資金回撤最好不要超過原始資金的 20%。你是不是會覺得這也太難了？

其實並不難，這裡需要繞回本書一開始鏟牛糞的故事。在你的交易生涯中，總有一部分交易是獲利的，也可以說成是你總進行過一些正確的交易。那麼你只需要不斷重複正確的交易，不斷積累一個個小正確，最後就能得到一個大正確。

你可能常會聽到一些人的傳奇故事，張三只做底背離就獲利幾十萬元，李四只用均線就獲利幾百萬元，王二只用頭肩底就獲利幾千萬元。是他們運氣好嗎？很多人認為他們都是普通人，能成功一定是運氣好，絕不可能有其他途徑。

其實你錯了，你只看到了他們的成功，只看到了他們的運氣，卻沒看到他們背後的努力、堅持和耐得住寂寞。比如說頭肩底，你可以在走勢圖中隨手找出來十個八個，頭肩底的成功率也相當高。

可是一年能出幾個頭肩底？沒有頭肩底的時候，這些人都要默默地等待下一個頭肩底的出現，他們忍受的寂寞我們難以想像。出了頭肩底，就要拿住多單讓利潤奔跑。但上漲並不是直線上漲，利潤「回吐」的時候，他們堅守著自己的理念，默默地承受著大幅回檔，他們忍受的煎熬我們也難以想像。因此，他們的成功絕對不是偶然。

再說的深一點，如果你只做正確的事，並且重複做正確的事，就可以輕

鬆獲利。但正確的事往往違背天性，讓我們在情感和理智上很難接受。比如，你一定不甘願在已經大幅上漲的日子買進，在已經大幅下跌的日子賣出。

我舉個例子，隨手編一套程式化交易系統：如果當日收盤價處於當日價格區間的 75% 以上，當天按收盤價做多；如果當日收盤價處於當日價格區間的 25% 以下，當天按收盤價做空。我們分別計算持有 1 天、5 天、10 天、15 天、20 天、25 天後平倉的情況。

請注意，在這套隨手編制的程式化交易中，需要遵守以下 3 點。第一，當日收盤價靠近 K 線頂部的時候才買進，靠近 K 線底部的時候才賣出。絕對沒有強迫你在回檔時買進或在反彈時賣出，直接搶攻，形成股市漲就買、跌就賣的局面。第二，長時間持有，不為中間價格波動所動。第三，為了計算方便，這裡沒有加入停損。所以就這 3 點來說，絕對違背了你平時的交易習慣，在這種情況下，我們還能不能獲利呢？

我用螺紋鋼從 2009 年 4 月到 2017 年 10 月這 8.5 年之間的數據，來進行計算。圖 1-3 為統計數據對比圖，本金為 1 萬元。

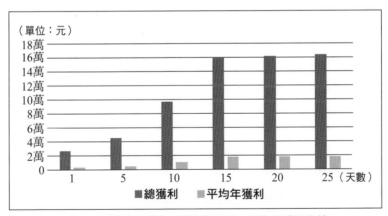

▲ 圖 1-3　螺紋鋼持有天數與總獲利、平均年獲利數據

持有 1 天，共獲利 26,570 元，年平均獲利 3,125.88 元。

持有 5 天，共獲利 45,740 元，年平均獲利 5,381.18 元。

持有 10 天，共獲利 97,570 元，年平均獲利 11,478.82 元。

持有 15 天，共獲利 160,530 元，年平均獲利 18,885.88 元。

持有 20 天，共獲利 161,060 元，年平均獲利 18,948.24 元。

持有 25 天，共獲利 163,600 元，年平均獲利 19,247.06 元。

按最多的持有 25 天來計算，一年賺 1.9 萬元，你認為不夠多是嗎？我再進一步計算：螺紋鋼的保證金為總交易額的 8%，再多拿出一些金額來抵抗價格波動，那麼剩下的 1 萬元足夠你交易了。

也就是說，你從一開始就秉持著這個方法，8 年後你的 1 萬元就變成了 16.36 萬元。如果你開始投入的是 10 萬元，8 年後就會變成 163.6 萬元。資金平均增長速率為 38.93%，並且這還是只按 1 張交易量來交易，如果你獲利後加倉操作呢？最後的數字會非常可觀。

由於股市中個股太多，不能逐一計算，所以我用上海證券綜合指數（簡稱上證指數）來代替。在其他條件不變的情況下，從 1991 年 12 月到 2016 年 6 月，持有將獲利 4,697.97 點。由於它不是股指期貨，所以只能單向做多。那麼，股指的走勢如何換算成實際獲利呢？

有兩種方法：一種是出現買點後買入全部上市股票，持有後全部賣出，所獲得的收益，即為股指走勢轉換而來的獲利。一種是隨便找一個大盤股，只要它們的走勢基本和大盤吻合，也可以替代性地計算出獲利。

獲利將近 4,700 點是一個什麼概念？中國歷來最大的牛市是從 2005 年的 998 點漲到 2007 年的 6,124 點，增長幅度為 5,126 點。也就是說，你從這波大牛市的最低點抓到最高點，也不過比之前提到的那種方法多獲利 400 多點而已，而能有這樣成績的人卻是寥寥無幾。

與你以往認知的搶攻買法不同，我們隨手做一個程式化的交易系統，就可以令你大受益。所以說，正確的事可能會違背你的常識，但它很可能就是反常識的顛覆性觀點。

所以，你要推翻之前的想法和觀點，重新構架交易認知體系。而這種體系的重建，就要從最基礎的數據分析開始，要在基礎數據中挖掘出市場的規律。

第 **2** 章

博弈機率 VS. 短線時間

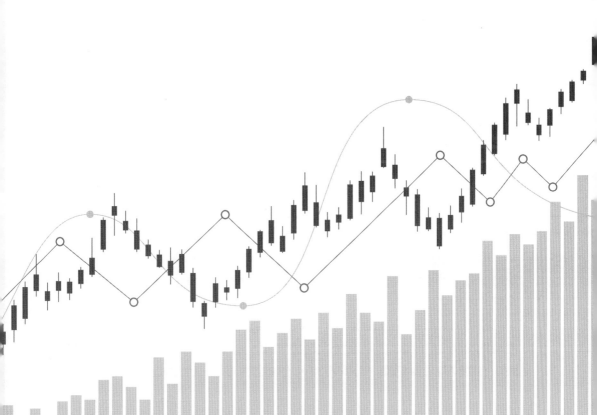

2.1
想做短線的心態——
降低不安全感

一般來說，新手或不能持續穩定獲利的人，喜歡做短線。從行為分析心理的角度來說，做短線的人控制欲更強，控制欲從某種程度上，可以給人安全感和成就感。

比如日內沖銷和短期持倉，如果獲利了，就可以迅速地把資金收回來。「這筆錢是屬於我的了！」這就是控制欲，進口袋的錢會讓人感到無比開心、踏實。在這裡舉一個特別極端的例子。劉老太太買了基金，每份賺了 1 塊錢，她問我現在一共賺了多少錢，我說份數乘以 1 塊就是現在賺的錢。

她緊接著問我會不會下跌？我說基金是基金經理在操盤，具體的買賣操作我們不會知道，只能看他們的操盤能力和我們的運氣了。她說好害怕下跌，要不先把基金賣了，然後再買回來，這賺的錢不就是她自己的了嗎？

賣了基金把錢放到口袋裡，賺到的錢確實是自己的錢了。雖然按照原價位再買回來，並不能抵禦下跌的風險，但先不管是否會下跌，她圖的是可以控制自己的錢，心裡踏實。

隔夜有風險，在股市裡當然沒辦法當日就沖銷乾淨，但在期貨市場有太多的日內沖銷交易者，絕大多數品項的換手率達到了100%。為了規避時間上的風險，最好的交易方法就是當日事當日畢。

因為持倉睡不著覺的人比比皆是，為了不把這種擔憂帶到餐桌，上、下班途中和睡夢中，索性不持倉過夜或少持倉過夜。這種心理源於持倉的不安全感，源於在不開盤的時間內，失去了對倉位控制的茫然。

雖然未來具有不確定性，這種不確定性會帶來風險，但風險的控制不全由時間來衡量。風險從來都是人為控制的，心中有風險意識，就能控制風險；心中沒有風險意識，時間再短，不確定性再小，也會產生巨大的風險。

2.2

短線不是指時間短？

　　滿足控制欲其實是滿足心理的需求，但心理上的滿足並不能帶來實際的獲利。所以我們想要尋求獲利，就要以做正確的事為第一目標。

勢如擴弩，節如發機

　　沒有概念就是無的放矢，所以想在短線中獲利，必須先明白短線的定義是什麼。《孫子兵法・兵勢篇》說：「勢如擴弩，節如發機」。在這裡可以想像一下頭肩底和擴弩的結構，如圖 2-1 和圖 2-2 所示。

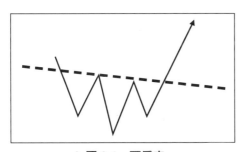

▲ 圖 2-1　頭肩底

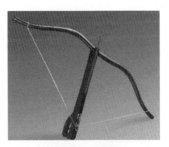

▲ 圖 2-2　擴弩

　　這兩張圖十分相似，頭肩底的構建過程其實就是「擴弩」的過程。當股價突破頸線後快速上漲，就是「發機」的瞬間。擴弩是為發機造勢，所以稱為勢如擴弩。那麼，從頭肩底的運行過程中，如何理解短線的定義呢？

　　發射弩機的時候，你需要進行取箭、擴弩、置箭、瞄準、發射等一系列過程。如果我們做短線的話，前面取箭、擴弩、置箭的過程都不用，只要耐

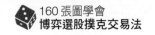

心等待，關注瞄準、發射的那部分就好。從頭肩底的過程中來理解，短線就是在構建左肩、頭部、右肩的過程中不動，耐心等待，只關注股價突破頸線後的那部分。

這就是短線的精髓，只擷取速度最快、時間最短、效率最高的部分，其他部分全捨棄。在股價突破頸線之後，行情就啟動了，所以只關注啟動之後最快的那部分，要在股價上升速度逐漸變慢之前離場，這就是真正意義上的短線。

短線追求的是效率

短線是靠時間的長短來定義的嗎？不是！做短線要看勢有多大，如果在週線中造勢，短線行情會持續幾週；如果在日線中造勢，短線行情會持續幾天；如果在小時線中造勢，短線行情會持續幾小時。**所以短線並不是以時間的長短來定義的，而是以是否擷取了速度最快、效率最高的行情來定義的。**

圖 2-3 所示為新疆天業（600075）2013 年 3 月到 2015 年 10 月的走勢圖，在頭肩底成勢後，股價迅速突破頸線。股價短期內持續上漲了 5 週，收益率大約為 36%。5 週後，股價進入平台盤整階段，如果你要做真正的短線，此時股價停滯不前，應當立即出場。

至於盤整之後的再次快速上漲，則是下一次短線交易機會，與本次無

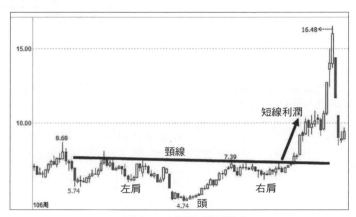

▲ 圖 2-3　新疆天業頭肩底

關。那麼 5 週的獲利率為 36%，年獲利率就約為 370%。5 週的「節如發機」，在這裡展現得淋漓盡致，效率最高就是短線的精髓。

　　從這個例子我們可以看出，短線的第一特徵是效率，而不是時間。

　　在價格形態形成之初，尋找短線效率最高處不失為一種捷徑。但這期間有兩個弊端：首先，經典價格形態出現的頻率並不高，而且展示的形態並沒有規律，若只尋找經典價格形態來進行交易，難免會陷入喪失多個機會、不能輕易決斷的境地。

　　其次，在價格突破頸線後，並非都會出現短期直線上漲，大多會在頸線附近再次振盪，也就是所謂的「回測」或「回試」，此時的效率並不高。所以我們必須找到一種效率更高的方法，來尋找短線效率高點。

　　我一直在強調，要傾聽市場。那市場用什麼方式說話、說什麼？市場只會說 6 個詞，分別是開盤價、最高價、最低價、收盤價、成交量、持倉量。我們要做的，就是從這 6 個詞中傾聽出市場在表達什麼。

從最簡單的博弈說明機率——BlackJack

BlackJack 規則

BlackJack 也被稱為 21 點，是一種撲克玩法。21 點的規則非常簡單，一副撲克牌中除去 Joker，共有 52 張，分為 4 種花色，每種花色 2 到 10、J、Q、K、A 共 13 張。2 到 9 不論花色都按其自身的點數計算。10、J、Q、K 都計為 10 點，A 既可當成 1 點也可當成 11 點。

BlackJack 的設定是，你與發牌方對局。發牌方先給你發兩張牌：一張明牌、一張暗牌。然後發牌方再給自己發兩張牌，同樣是一張明牌、一張暗牌。自己的牌如果兩張相加小於 21 點，你可以繼續要牌，若超過了 21 點，則被稱為爆牌（Bust），而你就輸了。

在你叫牌的過程中，發牌方發來的牌都是明牌，因此你牌面上的牌，發牌方是可以看到的。如果你爆牌了，發牌方不需要進行任何操作，即可贏得你的籌碼。如果你沒有爆牌，發牌方才開始決定是否要牌。在這裡有個規定，如果發牌方的牌面累計小於或等於 16 點，就必須繼續要牌。但你不必限於這條規定，即使只拿到了兩張 2，也可以停止要牌。

這是 BlackJack 的最基本玩法，如果是你，要怎麼玩這局呢？換句話說，我們可以說交易就是博弈，價格有漲有跌，而你想要怎樣進行交易呢？

利用機率的博弈

機率學最初就是從博弈遊戲中衍生出來的，著名的博弈遊戲愛好者梅森（Mersenne）爵士，和著名的數學家帕斯卡（Pascal）是機率學的先驅。伯

恩斯坦（Bernstein）的《與天為敵》、拉里・戈尼特（Larry Gonick）和沃爾科特・史密斯（Woollcott Smith）合著的《漫畫統計學入門》，就講述了不少數學家和博弈遊戲之間的有趣故事。

　　既然機率學從博弈中衍生而來，那麼機率學最早的應用場所其實就是各種博弈遊戲了。回到我們的問題，想要高效地玩轉 BlackJack，必須先學會機率學的基本應用。

　　你和發牌方的初始設定都是小於 21 點的兩張牌（任意兩張牌組合點數皆小於等於 21 點），所以初始牌局沒有任何變數可以提供。BlackJack 中，除了雙方在 21 點的限制之內比大小外，只有一個額外的規定：發牌方的牌面點數相加小於等於 16 時，必須要牌。所以我們解開這道題的唯一變數，就是小於等於 16 了。

　　在 21 點之內，和發牌方比的是運氣。加上限制發牌方的條件後，你比發牌方多了一份運氣，因此能贏發牌方的重點，不在於你的點數比發牌方大，而在於迫使發牌方爆牌。只有知道了這場比賽的關鍵點，才有機會獲勝。既然關鍵點在於讓發牌方爆牌，那麼必須保證自己不爆牌，下面我們就要正式進行計算了。

　　如果發牌方恰好拿到了 16 點，他必須至少再要一張牌，此時他爆牌的機率是多少？拿到 6、7、8、9、10、J、Q、K 都會爆，而一副牌中出現 6 的機率是 4/52，出現 7 的機率也是 4/52。發牌方如果拿到這 8 張牌中任何一張牌都會爆，所以發牌方此時的爆牌率約為 61.54%。換句話說，發牌方拿到 16 點時，輸的機率約為 61.54%，贏的機率約為 38.46%。

　　當然這只是很粗略的計算，因為這種演算法沒有包含你和發牌方手裡拿到的牌，剩餘牌的總數也簡單地保持為 52 張不變。在同樣的條件下，如果你手中的牌為 6、6、7，發牌方手中還有一張 J，那麼下一張牌為 6 的機率就變成了 2/52、下一張牌為 7 的機率為 3/52、下一張牌為 J 的機率為 3/52，8、9、10、Q、K 出現的機率還是 4/52。此時發牌方爆牌的機率約為 53.85%（2/52+3/52+4/52+4/52+4/52+3/52+4/52+4/52），這個機率還是相當大。

　　那麼你爆牌的機率有多大呢？為了讓發牌方爆牌，你必須要拿到一個非常完美的點數。那多少點數才算完美呢？就是小於或等於 12 點！如果你的點數為 11 點，接下來即使來一張點數為 10 的牌也不會輸，此時爆牌的機率

為 0。但若你現在恰好是 12 點呢？下一張牌不論是 10，還是 J、Q、K，都會爆牌，爆牌機率為 30.77%（4×4÷52）。

表 2-1 為手牌點數與下一張牌的爆牌機率的理論數據，圖 2-4 所示為手牌點數與下一張牌的爆牌機率數據圖。這是一種簡單的統計，因為沒有計算發給你和發牌方手中的牌是哪 4 個點數，所以是以全副牌為基礎來計算的。

表 2-1 手牌點數與下一張牌的理論爆牌機率

手牌點數	下一張牌的理論爆牌機率
1	0
2	0
3	0
4	0
5	0
6	0
7	0
8	0
9	0
10	0
11	0
12	30.77%
13	38.46%
14	46.15%
15	53.85%
16	61.54%
17	69.23%
18	76.92%
19	84.62%
20	92.31%
21	100%

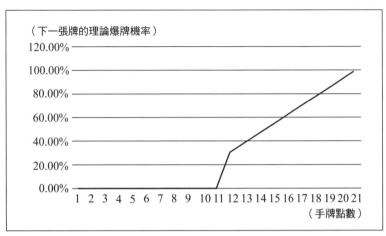

▲ 圖 2-4　手牌點數與下一張牌的理論爆牌機率

　　爆牌機率從 0 一下子躍升為 30.77%，這個變化是相當大的。而且你的點數越大，爆牌機率越高，12 點是你不爆牌的點數上限。發牌方坐擁 61.54% 的爆牌機率，而你的點數只要小於等於 12 點，爆牌機率即為 0，那麼牌局足夠多的話，你僅憑機率就可以打敗發牌方。

　　理論上，玩 1 千局，你大概會贏 615 局，輸 385 局。一局輸贏 1 元的話，你最終會贏 230 元。於是，在交易中，如果有一套策略，有較大的機率能夠獲勝，你要做的就是堅持使用這種方法，哪怕在 1 千次交易中虧損 385 次，你也還有 615 次的獲利。當然你要控制好每次交易的虧損，長期下去，你會在 230 次淨獲利中賺取高額利潤。

　　要想找到一套高機率獲利的策略，那麼交易的第一步，就應該是統計基礎數據的機率。

為什麼還是你輸？

　　既然我們有如此高的勝率，為什麼 BlackJack 遊戲還會存在呢？如果我們每個人都按這個方法玩，發牌方豈不是要賠光了？這就是癥結所在。

　　首先我們計算的機率是設定每玩完一局後，立刻再換一副新牌，才能保證機率是不變的。但是實際的發牌規則並不是這樣，一局過後，一部分牌

離開了牌堆，剩下的牌出現的機率就會相應發生變化。若在前幾局中大牌（10~K）出現了很多。那麼在剩下的牌中，出現大牌的機率就會變小，出現小牌（2~9）的機率則會變大。

還記得我們的策略嗎？點數高於 12 時，停止要牌。如果此時牌堆中的小牌變多、大牌變少。我們拿到的點數分佈在 15 點左右（這裡不展開計算，感興趣的讀者可以去讀一讀永野裕之的《寫給所有人的極簡統計學》）。而發牌方低於 17 點就必須要牌，隨著大牌的減少，發牌方爆牌的機率也隨之降低，這樣一來發牌方獲勝的機率就大大提升了。

其次，你是被動的，發牌方是主動的。因為按照規矩，你先要牌，如果你爆牌了，發牌方直接收走你的籌碼。所以很多人一聽到發牌方在 17 點以下必須要牌的時候，就會以為如果自己不超過 17 點，就一定會輸。如果你這麼想，就沒有充分利用優勢，也會和發牌方一樣坐擁 61.54% 的爆牌率。

基於以上兩點，雖然理論優勢在你這一邊，但發牌方先天擁有一些優勢。你可能會感到疑惑，為什麼一本教你如何交易的書，要從博弈遊戲開始說起呢？從某種意義上來說，交易就是博弈！而只要是博弈，就會涉及機率。所以，你想做好交易，就必須瞭解博弈，瞭解機率，瞭解如何在博弈中應用機率。

為什麼掌握了機率的你在交易中還是輸？原因只有一個，就是沒有充分利用機率的優勢。

2.4

我們能用數學戰勝發牌方

　　愛德華・索普（Edward Thorp）在 19 世紀 60 年代初發明了 BlackJack 的算牌法，在戰術上戰勝了發牌方。索普教授的方法稱為「算 10 法」，這種方法在操作上比較困難，需要極高的注意力。因此後人根據索普教授的方法設計出另一套方法，電影《決勝 21 點》講的就是這種方法。

算牌法

　　我們在使用算牌法之前，先要給每張牌賦值，如表 2-2 所示。

表 2-2　點數賦值

牌面	牌數	值	總計
2、3、4、5、6	20	+1	20
7、8、9	12	0	0
10、J、Q、K、A	20	-1	-20

　　我們說過，發牌方有先天優勢，同時也有先天劣勢。如果你是一個碰運氣的人，因為先要了牌，爆牌機率遠高於發牌方，這是發牌方的先天優勢；如果你是一個懂得機率的人，當你手中牌的點數小於 12 時，你的爆牌機率為 0，發牌方爆牌的理論機率為 61.54%，這是發牌方的先天劣勢。

　　所以，在牌局進行一段時間後，若牌堆裡剩下的大牌（值為 -1 的牌）多於小牌（值為 1 的牌），而發牌方在小於 17 點時必須要牌，大牌的存在

對於發牌方來說，就是他的劣勢。

舉個例子，如果在前期牌局中，共出現了 11 張小牌，2 張大牌，牌堆裡還剩 9 張小牌、18 張大牌和 12 張中牌（值為 0 的牌）。此時，發牌方拿到了 2 張最小的中牌共 14 點，他的爆牌機率有多大——只要他沒拿到小牌就會爆。牌堆中有中牌 10 張、大牌 18 張、小牌 9 張，他的爆牌機率約為 75.67%（28/37），你有很高的機率會贏。

當然這只是理論上的機率，因為在牌局進行的過程中，你也會持有牌堆中的某 2 張牌，如果拿到的是 2 張大牌，那麼牌堆中只剩下 16 張大牌了，按照上面的例子，發牌方的爆牌率約為 74.29%（26/35）。雖然發牌方的爆牌率下降了，但你拿到兩張大牌後不是 20 點就是 21 點，贏的機率也非常高了。

說到這裡，我們似乎忘了在一開始給每張牌賦過值。其實賦值法是為了方便計算機率，或者說，讓你知道發牌方拿到大牌的機率是多少。

我們重新開始牌局，發牌方發了 4 張牌，分別是 1 張大牌、2 張小牌、1 張中牌，此時的分值為 +1（-1×1+1×2+0×1）。如果此時發牌方的點數小於 16，發牌方再拿 1 張牌，拿到大牌的機率是多少呢？52 張牌已發出 4 張，牌堆剩餘 48 張，大牌剩餘 19 張，中牌剩餘 11 張，小牌剩餘 18 張。發牌方拿到大牌的機率約為 39.58%（19/48），機率比較低，所以此時你要小心一點。

一輪一輪這樣玩下去，每發一張牌，你都要計算一下分值，比如大牌出現 7 張，小牌出現 15 張，中牌出現 6 張，共 8 分。牌堆剩餘牌的總數為 24 張，大牌剩餘 13 張，小牌剩餘 5 張，中牌剩餘 6 張，發牌方下一張拿到大牌的機率約為 54.17%（13/24），此時你贏的機率似乎比剛剛高了一些，但還不夠。如果此時發牌方拿到的牌數恰好為 16 點，就必須再要一張牌，那麼他拿到中牌也會爆，爆牌的機率約為 79.17%（19/24），此時你贏的機率已經很大了。

牌局進行一段時間後，發牌方拿到的牌的點數越大，他的劣勢就會越來越明顯，所以當你計算分值時，分值越高，發牌方輸的機率就越高。反之，分值越低，你輸的機率就越高。如果你足夠理智，不靠碰運氣，而是按機率來計算的話，贏的機率比較大。

我們在交易中可以利用機率，但對你有利的機率並不會一直出現，所以需要等待、計算。

5 分以上出手

當然了，你可能會想，BlackJack 用的一副撲克牌只有 52 張，怎麼可能小牌都集中在前面出現呢？再說營業者就是靠機率來賺錢的，他們會不知道其中的玄機嗎？當然知道，所以不是從頭到尾只用一副牌來玩，基本上 BlackJack 遊戲中，一次牌局需要 6 到 8 副撲克牌混在一起用。並且還要設定洗牌率，比如 8 副撲克牌共 416 張，設定洗牌率為 70%，發到 291 張左右時就要另外換新的牌。

但洗牌率的設定並不會改變下一張牌出現的機率，所以對算牌法幾乎沒有任何影響，設定洗牌率只不過是防止極端情況出現。如果你認為算牌法計分為 10 的時候就可以出手了，那麼 8 副牌至少要計算到 80 分。也就是實際分值除以牌的副數，得出的才是真實的分數。

其實不需要等到那麼高的分數才動手，史丹佛・王（Stanford Wong）在他的書 *BlackJack Secrets* 中說道，平均分數每高一點，可增加約 0.5% 的優勢。分數為 0 時，發牌方佔 0.5% 的優勢；分數為 1 時，雙方基本上平衡；分數為 2 時，你就會比發牌方多 0.5% 的優勢。分數值越大，你所佔有的優勢，會隨著分數的增長呈指數級增長。所以一般情況下，在 5 分以上就可以出手了。我們還是具體計算一下，見表 2-3。

表 2-3　分值為 5 時的殘局情況 1

牌面	大牌	中牌	小牌
出現的牌	2 張	1 張	7 張
牌堆中的牌	18 張	11 張	13 張

此時牌堆中共剩餘 42 張牌，總分值為 5（18 － 13），發牌方拿到中牌和大牌的機率為 69.05%（29/42）。牌局繼續，大牌、中牌、小牌陸續各出現 2 張，分值還是 5。具體如表 2-4 所示。

表 2-4　分值為 5 時的殘局情況 2

牌面	大牌	中牌	小牌
出現的牌	4 張	3 張	9 張
牌堆中的牌	16 張	9 張	11 張

此時牌堆中共剩餘 36 張牌，總分值為 5（16 － 11），發牌方拿到中牌和大牌的機率為 69.44%（25/36）。牌局繼續，大牌、中牌、小牌陸續各出現兩張，分值還是 5，具體如表 2-5 所示。

表 2-5　分值為 5 時的殘局情況 3

牌面	大牌	中牌	小牌
出現的牌	6 張	5 張	11 張
牌堆中的牌	14 張	7 張	9 張

此時牌堆中共剩餘 30 張牌，分值為 5，發牌方拿到中牌和大牌的機率為 70%（21/30）。所以在牌局進行中，分值只要能持續保持在高位，發牌方拿到大牌和中牌的機率，基本上是穩中有升的。你可以用手機 App 下載 BlackJack 遊戲來驗證我們的理論，其操作非常簡單，相信會比那些碰運氣的選手，獲勝的機率更大。

做短線交易靠什麼？靠線圖？靠盤感？靠技術分析？都不是，靠的是機率。既然交易就是一場博弈，我們為什麼不能用機率來打敗它呢？在交易中，一旦對你有利的機率出現，就要果斷進場。

2.5

交易市場中的機率統計，就是傾聽市場的聲音

我們先學最直接的方法，一年 365 天，除去週末節假日，大約有 240 個交易日。而這 240 個交易日，按星期一、星期二、星期三、星期四、星期五來分佈，有沒有可能一週 5 天中隱藏著某種規律呢？或者說高速的上漲或下跌，會不會集中出現在某一天呢？

這需要統計，表 2-6 所示為 1990 年 12 月 19 日至 2016 年 7 月 8 日上證指數的上漲與下跌天數、機率數據。圖 2-5 所示為上證指數的漲跌天數對比圖。

表 2-6　上證指數上漲與下跌天數、機率數據

日期	上漲天數	上漲機率	下跌天數	下跌機率
星期一	660	53.48%	574	46.52%
星期二	674	53.66%	582	46.34%
星期三	679	53.93%	580	46.07%
星期四	617	49.16%	638	50.84%
星期五	714	57.26%	533	42.74%

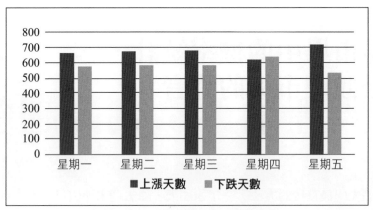

▲ 圖 2-5　上證指數漲跌天數對比圖

　　這種最基本的統計得出的最基本結論，就是市場的聲音。當然這也只是市場的其中一個面向而已，我還會從其他面向繼續分析這些基礎數據。

　　從表 2-6 來看，星期四的上漲機率小於 50%，因此你想買股票的話，至少應該避開星期三。星期五的上漲機率最高，所以應該在星期四收盤後，或在星期四盤中的低點買進。僅從這一點，你就比那些沒有分析過基礎數據的人略勝一籌了。基礎數據的統計，是找到對我們有利的機率中最重要的一步。

第 **3** 章

道氏理論 VS. 判斷趨勢

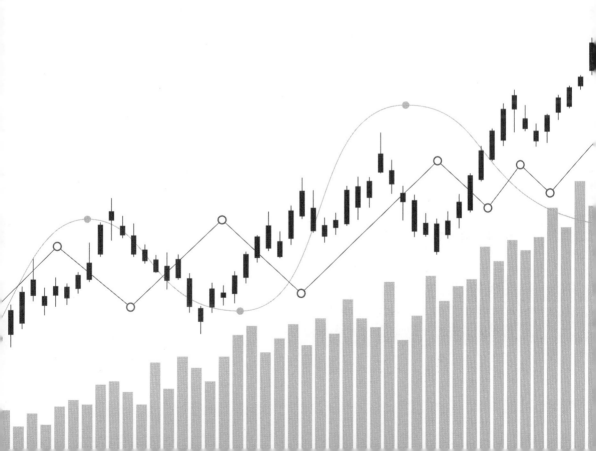

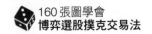

道氏理論＋畫趨勢線，
看懂趨勢的第一步

很多人都以為策略是最重要的，但海龜法則不是以策略聞名的，著名的RangeBreak日內沖銷法也不是以策略聞名的，菲阿里四價更不是以策略聞名的，它們都以資金管理和一致性而聞名。所以，策略不是交易時的重點，資金管理和一致性才是。

如果給策略加上一個條件或篩檢程式，那麼幾乎所有的策略都可以安然無恙地在市場中運行，並且準確率要比未加條件和篩檢程式時高出很多，這個條件或篩檢程式就是「趨勢」。

上升、下降趨勢

怎樣定義趨勢呢？沒有人給過完整、準確的定義。但這不重要，你只要知道趨勢是什麼樣子就可以了。

大多技術分析方法都是從道氏理論出發的，所以道氏理論所定義的趨勢，應該是對趨勢最準確的描述了。

1. 上升趨勢

上升趨勢是一種價格走勢，它由一系列的上升波段構成，每一上升波段都向上穿越先前波段的高點，中間夾雜著下降波段，但每一個下降波段的低點，都不會向下跌破先前下降波段的低點。也就是說，上升趨勢是由一系列高點與低點都不斷走高的波段構成的。

2. 下降趨勢

　　下降趨勢是一種價格走勢，它由一系列的下降波段構成，每一下降波段都向下穿越先前波段的低點，中間夾雜著上升波段，但每一個上升波段的高點，都不會向上穿越先前上升波段的高點。也就是說，下降趨勢是由一系列高點與低點都不斷走低的波段構成的。圖 3-1 為上升趨勢，圖 3-2 為下降趨勢。

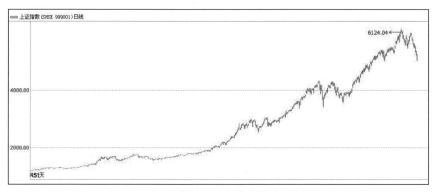

▲ 圖 3-1　上升趨勢

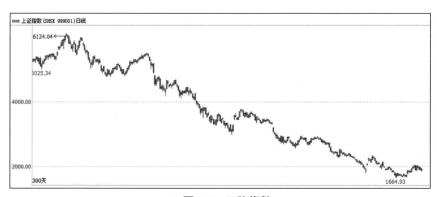

▲ 圖 3-2　下降趨勢

如何繪製趨勢線？

量化趨勢的最佳工具是趨勢線，但很多人並不懂得如何繪製趨勢線。趨勢線的繪製有著嚴格的規定，並不是隨便找兩個高點或低點將其連接起來，就可以繪製出一條趨勢線。

繪製上升趨勢線，必須囊括趨勢中所有的低點，其間不能存在「毛刺」穿叉，這與約翰‧默菲（John‧Murphy）所著的《期貨市場技術分析》描述略有出入。上升趨勢線的起點必須是趨勢的最低點，終點必須是最後一個高點之前的低點，如圖 3-3 所示。

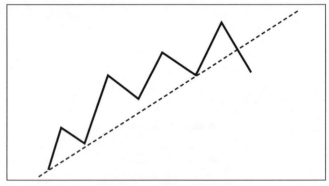

▲ 圖 3-3　繪製上升趨勢線

在繪製過程中，不要求將所有低點都放在趨勢線上，那樣繪製出來的趨勢線雖然好看，但在實際趨勢中可遇不可求，因此，在繪製趨勢線時，不要刻意追求美觀。將所有低點都納入趨勢線之內，以最低點為起點，以最後一個高點之前的低點為終點，連接兩點。反之，可以繪製出下降趨勢線，如圖3-4所示。

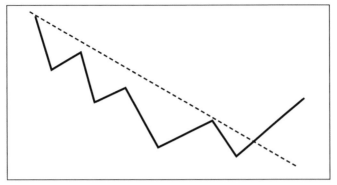

▲ 圖 3-4　繪製下降趨勢線

　　這是標準情況下的繪製方法，但還有兩種情況不屬於標準情況。

　　第一種情況，標準情況下的趨勢線都是內凹型的，如果是外凸型的，標準的繪製方法就很難將所有高低點都納入趨勢線內。在圖 3-5 所示的這種情況下，就不能再直接按照標準程式來繪製趨勢線了。此時，應選擇一個外凸最嚴重的高點為起點，再選擇最後的低點之前的一個高點為終點，連接兩點，如圖 3-6 所示。其實解決第一個難點的方法，就是囊括所有的高低點。

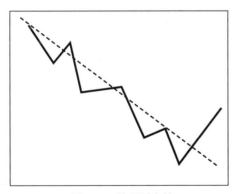

▲ 圖 3-5　外凸型走勢

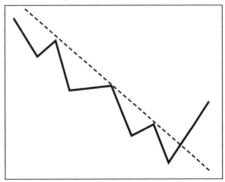

▲ 圖 3-6　修正後的趨勢線

　　第二種情況，也是我一直強調的，無法用一個靜態圖為你解釋所有問題，這是非常不負責任的做法。必須動態分析，因為動態分析可以告訴我們當行情變成這樣，應該怎麼辦；當行情變成那樣，又該怎麼辦。

用123法則，繪製動態趨勢線

為了解決這個問題，必須要用123法則講解，如圖3-7所示。

(1) 趨勢線被突破：價格穿越繪製的趨勢線。

(2) 上升趨勢不再創新高，或下降趨勢不再創新低。例如，在上升趨勢的回檔走勢之後，價格雖然回升，但未能突破前期高點，或僅稍做突破又回檔，類似的情況也會發生在下降趨勢中。這通常被稱為試探高點或試探低點，多發生在趨勢變動的過程中（但不是必然）。若非如此，則價格走勢幾乎總是受重大消息影響，向上或向下跳空，並造成異於常態的激烈價格走勢。

(3) 在下降趨勢中，價格向上穿越先前的短期反彈高點。或在上升趨勢中，價格向下跌破先前的短期回檔低點。

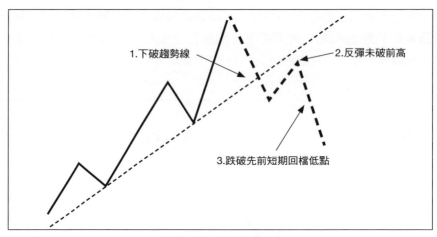

▲ 圖 3-7　123 法則

123法則告訴我們，簡單的下降趨勢線並不是轉勢，只是完成了轉勢的第1步，只有在完成了第2步和第3步後，才有大機率會出現轉勢。那麼我們來看一下，在動態行情中該如何處理。圖3-8所示為剛剛完成下降趨勢並轉為上升趨勢的瞬間——123法則完成。

▲ 圖 3-8　完成轉勢 123 法則

　　此時你可以繪製趨勢線，也可以不繪製趨勢線。可能你會問，不是說趨勢線是對道氏理論最好的量化方法嗎，為什麼可以不用畫趨勢線呢？因為上升趨勢的定義是一波高於一波，並夾雜著下降波段，在每一次下降波段中，其低點只要不低於前一波的高點，那麼上升趨勢就沒有完結。所以在價格沒有跌破前一波高點之時，完全可以不繪製上升趨勢線。

　　如果非要繪製的話，連接兩個連續新形成的低點，就是一條新的上升趨勢線了，如圖 3-9 所示。

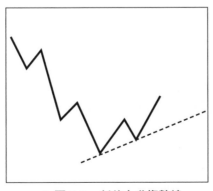

▲ 圖 3-9　新的上升趨勢線

但這條新的上升趨勢線並不是最後確定的趨勢線，只不過被暫時用來界定上升的走勢而已。如果它在此處就完成一個向下轉勢的123法則，那麼這條趨勢線也許會派上用場。價格繼續一波一波向上走，某一時刻，價格向下跌破（後文簡稱「下破」）趨勢線，但並沒有下破前期高點，如圖 3-10 所示。

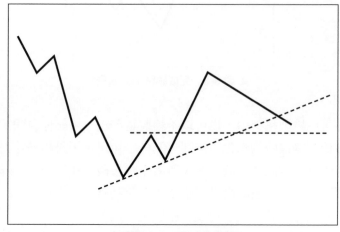

▲ 圖 3-10　下破趨勢線

目前只是完成了 123 法則的第 1 步，後兩步還沒有完成，並且還沒有插入前期高點，所以即使現在價格突破了趨勢線，也不能確定這就是轉勢，還要看價格如何繼續發展。若它繼續向下，插入前期高點，或者完成 123 法則的後兩步，則短暫的上升趨勢將變為下降趨勢。

若它折返向上，並且突破了之前的高點，則上升趨勢不變，只不過此時我們就需要調整一下趨勢線了。以囊括所有低點為目的，以現在的起點為起點，以最後一個高點的前一個低點為終點，連接兩點，形成新的趨勢線，如圖 3-11 所示。

動態的趨勢線繪製方法就是如此循環往復。如果價格反轉，完成123法則，則原有趨勢完結，即將發生轉勢，需要重新繪製趨勢線。如果價格只是穿越趨勢線，即未影響原有趨勢，也未完成123法則後兩步，則可重新調整趨勢線，等待最後的反轉穿越。

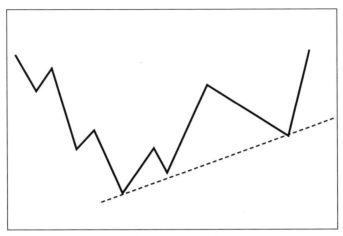

▲ 圖 3-11　新的趨勢線

　　如果你能用這種方法來定義所有趨勢，那麼就可以在上升趨勢中做多，在下降趨勢中做空。其間，你可以用任何一種策略，哪怕是擲硬幣也比你胡亂交易強得多。當然也需要配合好資金管理，多方參照後再做出決策。

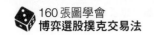

上漲或下降的趨勢界定分析

讓我們來看一下上證指數目前所處的位置，是上漲走勢還是下降趨勢，先從之前的一次「牛市」開始分析。

2013 年 8 月至 2015 年 9 月趨勢界定

圖 3-12 所示為上證指數的週 K 線。

這種繪製方法囊括了上升趨勢中的所有低點，但在我繪製這條趨勢線的同時，有朋友質疑我，他的繪製方法也可以囊括上升趨勢中的所有低點，為什麼我的畫法才是正確的呢？他的繪製方法如圖 3-13 所示。

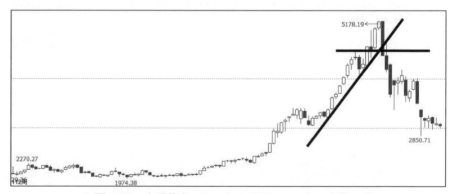

▲ 圖 3-12　上證指數 2013 年 8 月至 2015 年 9 月週 K 線

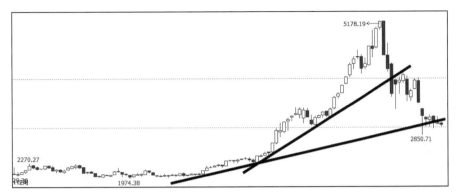

▲ 圖 3-13　錯誤的趨勢線

　　他的繪製方法只滿足了趨勢線繪製方法的一項原則，就是囊括了所有低點，但是忽略了最重要的一項——以最後一個高點之前的低點為終點，所以圖 3-12 中的趨勢線才是正確的趨勢線。指數在下破上升趨勢線的同時，插入了前期高點，按照上升趨勢的定義，此時上升趨勢完結。

　　但上升趨勢的完結並不代表著馬上出現下降趨勢，它有可能出現旗形、三角形、矩形等各種持續形態。當持續形態完成之後，還可能繼續向上。所以以圖 3-12 的趨勢線為標準，此時我們應當平掉多單，但不一定要做空（股指期貨可以做空），還應該再等待。

　　如圖 3-14 所示，指數繼續向下，完成第一波反彈，但反彈高度有限，距離前期高點非常遠，隨後繼續向下跌破了反彈行情的起點，完成了 123 法則，此時我們才能斷定指數進入了下降趨勢。

　　確認下降趨勢後，可以經由股指期貨進行放空，但我們要明確第一目標價位，也就是前方可見的階段高低點。我將在第 6 章海龜法則中講解這裡涉及的知識，即「錨定心理」，在此處或多或少都存在著支撐，當然事後證明，此處的支撐還是非常強烈的。

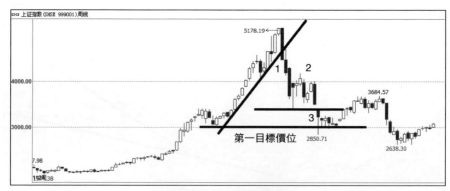

▲ 圖 3-14　下降趨勢確認

2015 年 6 月至 8 月趨勢界定

當下降趨勢形成後，即可開始繪製下降趨勢線。我們可以等待下降趨勢
的完成，直到新的上升趨勢再次來臨。如圖 3-15 所示，此次的 123 法則幾
乎是在同一時間完成的。此處上升趨勢來臨，可以做多。當然從事後來看，
此次的上升趨勢也不過是一次小反彈而已。但不論幅度有多大，經由趨勢線
的量化，我們還是可以在此獲利的。

▲ 圖 3-15　上升趨勢 123 法則

2015 年 8 月至 12 月趨勢界定

如圖 3-16 所示，用趨勢線來進行量化，指數突破趨勢線之時，應平掉
之前獲利的多單，雖然獲利不多，但不至於虧損。

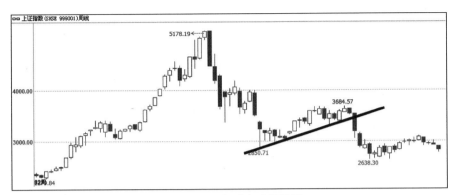

▲ 圖 3-16　新的上升趨勢線

　　雖然在週線上，新一波的下降趨勢並沒有進行 123 法則的第 2 步，此時在股指期貨上放空暫無理論依據，但是週線上沒有進行 123 法則的第 2 步，並不代表日線上沒有進行 123 法則的第 2 步。如圖 3-17 所示，在日線上有兩個交易日的反彈，可以完成 123 法則的所有步驟。

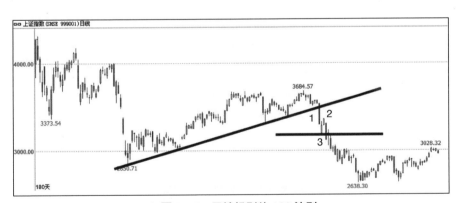

▲ 圖 3-17　日線級別的 123 法則

2016 年 1 月至 4 月趨勢界定

觀察日線趨勢，圖 3-18 所示為隨後的上升趨勢，圖 3-19 所示為隨後的下降趨勢。

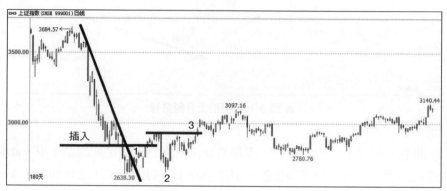

▲ 圖 3-18　隨後的上升趨勢

▲ 圖 3-19　隨後的下降趨勢

2016 年 4 月至 8 月趨勢界定

最後就是 2016 年 4 月至 8 月的上升趨勢了，到目前為止，在日線級別上，它還處於上漲狀態中，如圖 3-20 和圖 3-21 所示。在完成了 123 法則之後，高點和低點不斷向上移動，且每次回檔的低點都沒有插入前期高點，偶爾的幾次插入也是日內影線插入，因此這一點可以忽略。

▲ 圖 3-20　目前的上升趨勢

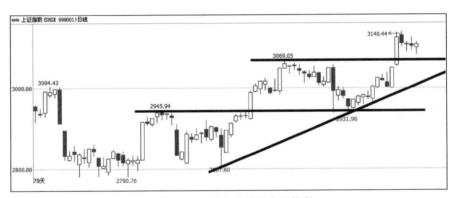

▲ 圖 3-21　符合定義的上升趨勢

2 個重要的趨勢判別方法

以下內容為道氏理論的量化方法、123 法則的兩種拓展法則，可以配合 123 法則使用。它們分別是 2B 法則和反出擊日法，這兩種方法殊途同歸，卻是由不同的資深交易員提出來的：123 法則和 2B 法則都是由維克多·斯波朗迪（Victor Sperandeo）提出的，反出擊日法是由拉里·威廉姆斯（Larry Williams）提出。

2B 法則

2B 法則是指在上升趨勢中，如果價格已經穿越先前的高價而未能持續上漲，稍後又跌破先前的高點，則趨勢很可能會發生反轉，下降趨勢也是如此，如圖 3-22 與圖 3-23 所示。

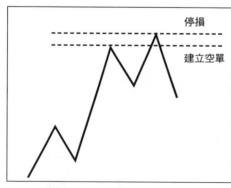

▲ 圖 3-22　上升趨勢中的 2B 法則

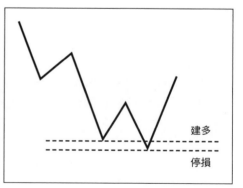

▲ 圖 3-23　下降趨勢中的 2B 法則

　　2B 法則是不是 123 法則中第 2 步的演化呢？也許是，也許不是。如果說 2B 法脫胎於 123 法則，那麼必須完成第一步也就是突破趨勢線後，再突破前高低點，才能稱為 2B 法則，2B 可能是 the sencond back。

　　維克多在他的書中，雖然將 2B 法則寫在了 123 法則之後，但並沒有著重提出突破趨勢線的問題。如果不涉及突破趨勢線的問題，也就不涉及 123 法則的第 1 步的問題。所以 2B 法則跟 123 法則無關，它只是根據上升趨勢的定義回插了前期高點，此時，上升趨勢有可能結束，或者說目前這一階段的上升趨勢結束了。

　　那為什麼還稱作 2B 法則呢？這明顯就是 123 法則中的 2。其實並不一定，你聽過波浪理論中的「牛市雙回撤」原理嗎？它與 2B 法則幾乎是一樣的，所以也可以把 2B 解釋成 two times back。

　　維克多的原文中還說了這樣一段話：「我從來沒有用嚴格的統計方法測 2B 法則的有效性，因為完全沒有這種必要。即使每三次 2B 法則中僅出現一次有效的趨勢變動，我們還是可以根據這項法則賺錢，尤其是將它運用在中期趨勢中時。這是因為 2B 法則幾乎可以讓你精確地掌握頂部與底部，並建立具有非常理想的風險報酬關係的交易。以上升趨勢為例，運用 2B 法則最佳的方法，是在價格重新跌破先前的高點時做空。做空之後，將回補的停損點設定在 2B 的高點。如果你是中期趨勢交易，則報酬風險的比例幾乎總是高於 5：1。即使因此被連續震盪出場兩三次甚至四次，成功一次的獲利都將多於先前的所有損失。」

　　經由這段話，我認為 2B 法則略有左側交易的嫌疑，所以 2B 法則根本不用附加突破趨勢線的條件。但維克多也說了，這種方法的盈虧比較高，我們只要嚴格停損，就可以用高準確率和高盈虧比，來彌補略有左側交易嫌疑的缺憾。

　　圖 3-24 所示，為上證指數的走勢圖。指數前期高點為 3,678.27 點，再次衝高的高點為 3,684.57 點，隨後迅速回落，當指數回穿 3,678.27 點時，我們可以在股指期貨中放空，以 3,684.57 點停損，其後可以利用 123 法則來確認下降趨勢。

　　圖 3-25 為白雲機場的走勢圖。價格 10.83 元（本書所有金額皆指人民幣）處突破了前期低點，再次反向穿越，形成 2B 法則，此處應背靠 10.83 元停

損做多。隨後出現了 123 法則，可以繼續在 123 法則完成之時，再次加倉做多，以兩個策略相互配合。

▲ 圖 3-24　上證指數 2015 年 9 月 2 日至 2016 年 2 月 23 日走勢圖

▲ 圖 3-25　白雲機場 2015 年 11 月 12 日至 2016 年 8 月 3 日走勢圖

反出擊日法

與此相同的是拉里・威廉姆斯提出的反出擊日法，這個方法記錄在他的《短線交易秘訣》一書中。什麼是出擊日呢？就是突破前期高點（低點），或者突破一個震盪平台高點（低點）的那根 K 線。一旦價格反突破出擊日線了，就是反出擊日，如圖 3-26 和圖 3-27 所示。

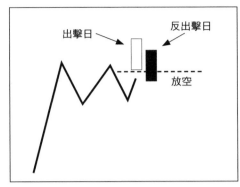

▲ 圖 3-26　上升趨勢中的反出擊日法　　　▲ 圖 3-27　下降趨勢中的反出擊日法

　　反出擊日法其實很好理解，不論上升還是下降，出擊日就是突破高低點，它們高喊著「出擊」，結果沒多久就被打敗了，並且吞掉了出擊日那天的最高價（最低價）出擊結束，趨勢發生反轉。

　　我們還是用前文的兩個例子，用反出擊日法對其進行解釋，如圖 3-28 和圖 3-29 所示。

▲ 圖 3-28　上證指數反出擊日法

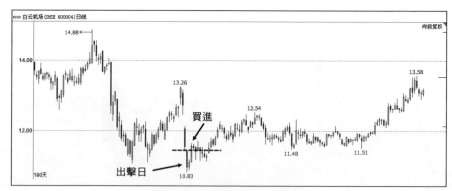

▲ 圖 3-29　白雲機場反出擊日法

　　這些交易策略基本上都是從道氏理論衍生出來的。「為學日益」，你也可以寫出大量的交易策略；「為道日損」，但歸根結底，這些交易策略的本源還是道氏理論。

　　所以在策略上不必花費太多的精力，道氏理論為你定義了上升趨勢和下降趨勢，在趨勢未改變之前，可以持有多單不動或持有空單不動。根據 123 法則、2B 法則和反出擊日法，則可以完美地找到趨勢的轉捩點，平多翻空或平空翻多。

　　在上升趨勢中，可以用 RangeBreak 系統只做多單，可以使用三重濾網法中第一重濾網，還可以在使用菲阿里四價時，只做向上突破後的多單。在下降趨勢中，反向使用以上方法即可。趨勢是一個大篩檢程式，它幫你界定了方向，讓你不會在交易中迷失。現在你再看那些所謂的預測策略，無異於火中取栗。其實，策略（技術分析）的精髓在於跟隨，而不是預測。

　　策略不重要，那什麼重要呢？答案就是資金管理和一致性獲利。策略系統隨手可建，我們在第 1 章就說過，只要有了統計數據，根據數據的傾向性，站在機率大的一邊即可。而資金管理則是你長久不下「牌桌」的保證，只要在「牌桌」上，總會有機會。

　　知行合一，是一致性獲利的關鍵。很多人知道正確的方法，卻未必真的按照正確的方法去做。制定策略、進行資金管理都是次要的，這些只要你學習就可以達成，但能做到知行合一的人，卻是少之又少。

「掐頭去尾」的一致性交易

　　「掐頭去尾只取中段」這種說法，是我剛入行的時候，一些老師跟我說的。意思是**趨勢啟動之前不考慮，趨勢結尾不考慮**，只考慮中間增長最快的一段。

　　我一開始的理解是：確認股價上漲後買進，然後在頭部出現前離開。這種理解有兩點問題，怎麼確認股價已經上漲？又怎麼確認頭部何時出現？現在我能很好地解決第一個問題，可第二個問題還是很棘手。

　　我一直在思考著如何預測頭部出現的問題，其實這是個偽命題。如果你能預測頭部的出現，就能預測頂點，那也就沒有必要討論這個命題了。

　　那什麼是去尾呢？應該是頭部出現後，在頭部的右側，確認頭部之後再出手，讓過頂部的一段走勢，這才是真正地去尾。如圖 3-30 所示，兩條虛線之間的部分，才是我們追求的中段利潤。

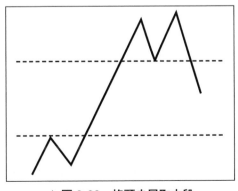

▲ 圖 3-30　掐頭去尾取中段

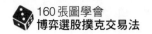
123 法則應用

　　理念問題解決，剩下的就是操作層面上的問題了。如何確認漲勢，還得從 123 法則說起，來看豆粕的走勢圖，如圖 3-31 所示。

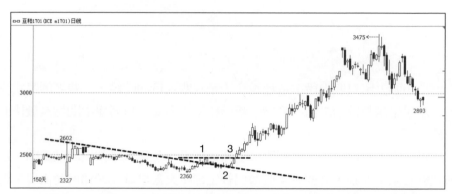

▲ 圖 3-31　豆粕 1701 合約 2015 年 12 月 15 日至 2016 年 7 月 26 日走勢圖

　　買點由 123 法則來確認，也就是確認了上升趨勢。圖中 1 處的高點為 2,472，2 處的低點為 2,390 元，那麼在 3 處價格為 2,473 元時可建立多單（後文簡稱「建多」）。再以 2,389 元為停損位，停損幅度為 84 元，每張 840 元。如果你有 10 萬元，那麼 10 萬元的 2% 為 2 千元，用 2 千元去冒險，除以停損幅度 840 元，約等於 2.38，也就是你只能做兩張。感覺太少了是嗎？別著急，在市場中並不是只有豆粕 1701 合約有這種行情，你還可以同時做其他的品項。

　　根據趨勢的定義，只要每次回檔的低點不超過前期高點，原本的趨勢就沒有改變。所以在行情上漲的中期、後期，我們一直不用平倉。豆粕持有過程如圖 3-32 所示，直到價格下破了前期高點，或者你可以再激進一點，等價格下破了趨勢線後，才平掉多單。

　　若在價格下破趨勢線後平倉，價格大約為 3,200 元，則每噸可獲利 727 元（3,200–2,473），每張獲利 7,270 元。兩張獲利 14,540 元，10 萬元本金，收益率為 14.54%。看著很少是嗎？兩張豆粕在建倉時，資金佔用量最多 6 千元，所以按照資金使用量來計算，收益率約為 242%。同時你還可以在其

▲ 圖 3-32　豆粕 1701 合約持有過程

他品項出現訊號時進行交易，如果有 3 個品項同時出現訊號，3 個月大約可以獲利 40% 左右。這只是保守估計，有些品項的槓杆更大。

　　但這只是一個非常標準化的例子，有時候我們還能遇見其他特殊的情況，如圖 3-33 所示的鐵礦 1701 合約。

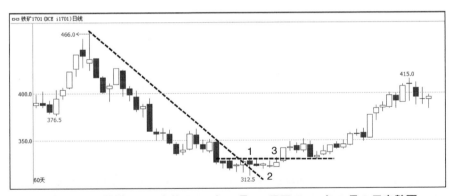

▲ 圖 3-33　鐵礦 1701 合約 2016 年 4 月 13 日至 2016 年 7 月 8 日走勢圖

　　根據 123 法則，在突破 1 處高點（329.5 元）時建多，在 2 處的低點（319.5 元）停損，停損幅度為 10 元，每張 1 千元。如果你有 10 萬元，2% 的資金 2 千元除以停損幅度 1 千元，可以做兩張。

　　還是按照趨勢的定義，持有多單，直到點數下破趨勢線如圖 3-34 所示。如果在點數下破趨勢線後平倉，我們理所當然要等待下降趨勢的 123 法

▲ 圖 3-34　鐵礦 1701 合約持有過程

▲ 圖 3-35　鐵礦 1701 合約下破趨勢線後並未形成下降趨勢的 123 法則

則形成，但從圖3-35來看，它並沒有形成123法則，而是再次向上破高。

　　此時的情況很尷尬，多單平掉了，空頭趨勢沒有形成，此時的多單還跟不跟呢？事後來看，多單跟進，停損位不好設置。此時你肯定會想，當時如果不平多單就好了，但是你有沒有不平多單的理由呢？應該是沒有理由，畢竟價格已經下破趨勢線了，並且我們也不太好把握後續的走勢。

　　如果你堅持突破跟隨的原則，在價格破高後再次跟進多單，我們可以演示一下後面的走勢，如圖 3-36 所示。

　　雖然價格下破了趨勢線，但沒有形成向下的 123 法則，並且價格再次向上破高，所以上升趨勢未變。根據趨勢線的繪製要求，圖 3-36 中所示的趨勢線，是新修改的趨勢線。趨勢線不斷向右上方延長，直到價格下破趨勢線

▲ 圖 3-36　破高後重新修訂趨勢線

後才平倉。如果運氣夠好，可能會有更大一個級別的上漲；如果運氣不好，你只是浪費了更多的時間，並沒有獲得更多的利潤。

哪種情況適合突破跟進？

　　那突破跟進有問題嗎？沒問題，我再給你一個條件。當一段趨勢結束之後，若其後形成持續型價格形態，則可以繼續跟進多單。比如矩形、三角形。我們在這裡暫時不談旗形，先說矩形和三角形。圖 3-37 所示為三角形持續形態，圖 3-38 所示為矩形持續形態。

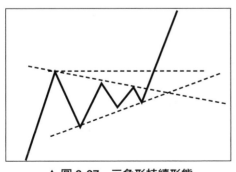

▲ 圖 3-37　三角形持續形態

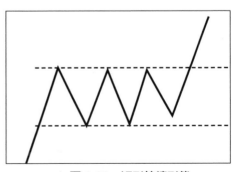

▲ 圖 3-38　矩形持續形態

形成持續型價格形態後再跟進，成功率會提高。如鐵礦 1701 合約只有一個波段向下，並沒有更多的轉折，後面的走勢很不牢固，最好不跟。接著我們再來說旗形，圖 3-39 所示為旗形持續形態。

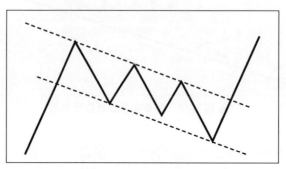

▲ 圖 3-39　旗形持續形態

旗形其實在內部已經形成了下降趨勢的 123 法則，所以在旗形的內部，我們就可以做空。在旗形內部做空，可能最終達不到我們期望的結果，如圖 3-40 所示。即便得不到更多的利潤，但終歸虧不了多少錢。

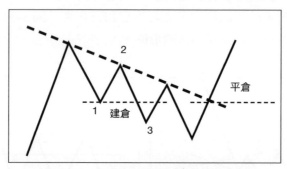

▲ 圖 3-40　旗形內部小級別下降趨勢的 123

現在我們再回到鐵礦 1701 合約中，建多位大約位於 329.5 元，平倉位大約位於 402.5 元，每噸獲利 73 元，每張獲利 7,300 元。兩張獲利 14,600 元，10 萬元本金的收益率為 14.6%。兩張的資金佔用量約為 1 萬元，所以真正的收益率為 146%。

那麼以總資金收益率來看，10 萬本金同時投資豆粕 1701 合約和鐵礦 1701 合約，一共可獲利 29%，且市場上同時出現訊號的品項還有很多。以這種安全的方法，每次只冒 2 千元的風險，在較短的時間內你就能把 10 萬元變成 20 萬元。

掐頭去尾

那什麼是掐頭去尾呢？我們把兩張走勢圖從頭到尾再看一下，如圖 3-41 和圖 3-42 所示。

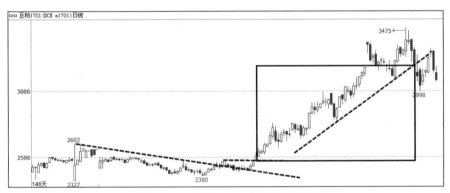

▲ 圖 3-41　豆粕 1701 合約的掐頭去尾

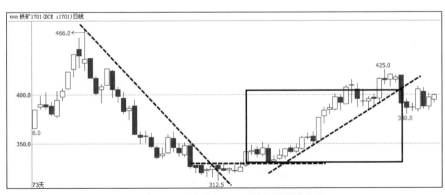

▲ 圖 3-42　鐵礦 1701 合約的掐頭去尾

　　方框框住的部分就是我們要的中段利潤，而在這一波趨勢中，方框的下方和方框的上方，就是被掐掉的頭和去掉的尾。

加倉

　　還有一個擴展的問題──加倉。如果趨勢一直朝一個方向運行，為了讓利潤往上跑，最好的方法就是加倉，那麼在什麼位置加倉比較合適呢？其實，只要趨勢給出一個新的買進訊號就可以加倉，如圖 3-43 所示。

　　回到豆粕 1701 合約和鐵礦 1701 合約兩個案例中，加倉的位置如圖 3-44 和圖 3-45 所示。

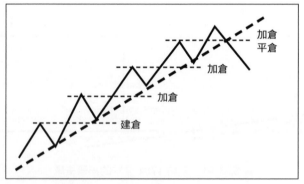

▲ 圖 3-43　理想的建倉、加倉、平倉位

▲ 圖 3-44　豆粕 1701 合約建倉、加倉、平倉位

▲ 圖 3-45　鐵礦 1701 合約建倉、加倉、平倉位

　　在價格每一次回檔結束再次突破前期高點時，即可加倉。如果你沒有從起點開始做起，我還是建議不要加倉太多。至於加多少才合適？隨著行情的不斷上漲，它的盈虧比就越來越小。假設從趨勢剛剛開始形成時，盈虧比達到 10：1，但行情不斷上漲，不斷兌現，盈虧比也會逐漸減小，變為 5：1、3：1，直到最後趨勢轉換。盈虧比減小，意味著風險越來越大，所以我不建議等量加倉，那就更不用說倒金字塔加倉了。

　　我建議正金字塔加倉，比如開始時你建倉 10 張，下一次可以加倉 5 張，第三次可以加倉 2 張，最後加倉 1 張。如果你只能做 1 張，那就先別考慮加倉的問題了，等賺到足夠多的錢再說。

更積極的買入方法

　　當然這只是加倉的一種方法，如果你很熟悉三重濾網法的話，可以用趨勢的界定作為第一重濾網，在更小的級別中，根據三重濾網的操作方法，在價格的回檔低位加倉（三重濾網法將在第 7 章中詳細講述）。

　　或者你可以直接借鑒海龜法則進行加倉，按照建倉後的 0.5 倍 ATR 或 1 倍 ATR 加倉，基本上在第一波就可以加滿 4 個單位。

　　在趨勢允許的範圍內，你想怎麼做就怎麼做。如果你能理解趨勢，在上升趨勢中，用什麼方法做多都是對的；在下降趨勢中，用什麼方法做空也都是對的。

　　關於策略，以我的經歷來看，需要從肯定到否定、再到否定之否定。策略從道氏理論出發，轉了一大圈又回到了道氏理論，不知道算不算是返璞歸真了。那麼還得再說一遍「為學日益、為道日損」。「為學日益」的時候，我們總結經驗後認為：要這麼做、要那麼做。當達到了「為道日損」的時候，總結經驗就變成了：不能這麼做、不能那麼做。用孔子的話說，就是「從心所欲，不逾矩」。在規定的條件下，隨心；在趨勢的界定下，順勢。

　　那我們就真的來看一看，在 123 法則中，只有第 3 步形成後，才稱得上趨勢已經形成。但有一種非常尷尬的情況，如果第 1 步的幅度特別大，那麼確認趨勢反轉形成第 3 步之時，趨勢可能已經走過大半，這樣的 123 法則就非常沒有操作性，如圖 3-46 所示。

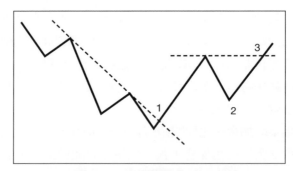

▲ 圖 3-46　非常尷尬的 123 法則

　　如果能更早一點建倉就可以獲得更多的利潤。其實利潤是其次的，更重要的是在完成第 3 步後，後面的操作沒有優勢可言。那應該在 1 處建倉，還是在 2 處建倉呢？

　　1 處雖然突破了趨勢線，但在沒有形成一波漲勢之前，它也有可能是下降趨勢的一波回檔，此處的不確定性非常大。所以我們只能考慮在 2 處建倉，價格漲上去再調回來，在 2 處建倉恰好合適

　　這與三重濾網法非常相似：第一重濾網確定趨勢，第二重濾網找到回檔低位、反彈高位，第三重濾網確定建倉點。我們對這個方法進行一下修改，從這個角度上來說，也看得出策略隨手可得。

　　第一重濾網由 123 法則的第 1 步代替，只要價格突破趨勢線後，完成了

第 1 步，我們就靜候第 2 步的低位。怎麼確定呢？我們可以對三重濾網的第二重濾網進行一個簡化處理，如果此時處於上升趨勢，小時線圖中 KD（隨機指標）經由 30 以下形成黃金交叉後，即可買進。反之，如果是下降趨勢，小時線圖中 KD 經由 70 以上形成死亡交叉後，即可賣出。當然具體的參數，也可以根據你的風險偏好進行更改。

　　如圖 3-47 所示，該股走勢形成完美的 123 法則後價格開始下跌，按照我們修改的三重濾網法則，能不能在 2 的高點處就建立空單（後文簡稱「建空」）呢？根據三重濾網的規定，要在更小的一個級別中尋找賣出點，即從小時線圖中尋找賣出位。於是，我們可以在小時線圖中找到對應位置。

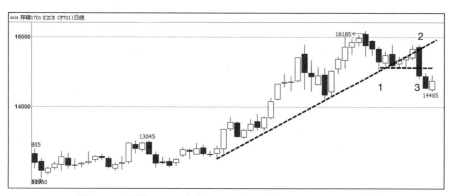

▲ 圖 3-47　鄭棉 1701 合約 2016 年 5 月 6 日至 8 月 1 日走勢圖

　　圖 3-48 所示為鄭棉 1701 合約日線所對應的小時線圖，在圖中圓圈所示位置，即在第 2 步的高點處，KD 經由 80 以上形成死亡交叉，可建空。你可能會問，在小時線圖中 KD 在 80 形成上下叉時為什麼不放空？仔細看就知道，它們都在趨勢線上，且都處於上升趨勢中，當然不能放空。你可能還會問，在最後放空的位置處，價格也處於趨勢線之上，為何還要放空？

▲ 圖 3-48　鄭棉 1701 合約日線對應的小時線圖

　　你再仔細看，價格在此之前已經下叉趨勢線，所以後面的價格處於線上還是線下，已經不由趨勢線控制了。也許你還會問，為什麼是這條趨勢線，是不是看到這個點開始下跌了，才繪製出了這條趨勢線？

　　如果你提出這個問題，那就只能回頭再看一遍了，前面嚴格地定義了趨勢線的繪製方法：囊括所有低點為主，以最後一個高點前的低點為終點，連接而成趨勢線。

　　那麼停損位應設置在哪呢？我們需要稍微放大小時線圖，如圖 3-49 所示。從圖中可以看到 KD 下叉後放空，那就在這個波段的最高點處停損。從後面的走勢來看，鄭棉價格上破了那個高點，觸發了停損。

　　但是不要緊，因為這種做法的好處之一就是停損幅度極小。在這次操作中，放空價位為 15,635 元，前期高點停損位為 15,775 元，我們加高一個檔位，在 15,780 元處，這一次交易每噸虧損 140 元，每張虧損 700 元。

　　但是後面的機會又來了，如圖 3-50 所示。KD 高位再次下叉，再以新的波段高點為停損位，再一次放空，接著就是連綿不絕的下降趨勢了。

▲ 圖 3-49　第一次放空

▲ 圖 3-50　第二次放空

　　圖3-51所示為鄭棉1701合約放空後的小時線圖。放空價位為15,625元，2016年8月27日止收盤價為13,945元，每噸獲利1,680元，每張獲利8,400元，減掉之前的虧損，每張獲利7,700元。

　　我們再看一下日線圖，在這期間，鄭棉1701合約的走勢嚴格遵守著我們定義的趨勢，所以這期間不會出現停利，利潤是實實在在的，如圖3-52所示。

▲ 圖 3-51　鄭棉 1701 合約小時線後續走勢圖

▲ 圖 3-52　鄭棉 1701 合約日線後續走勢圖

　　再來看焦煤 1701 合約的例子，如圖 3-53 所示，若按照 123 法則的要求，在第 3 步形成時再放空也不遲，但我們能不能在第 2 步形成時就放空呢？或許可以試一試，此時就要看小時線圖是否配合了。

　　圖 3-54 所示為焦煤 1701 合約日線對應的小時線圖。道理相同，放空價位為 868.5 元，停損位為前期高點 885 元，再高一檔則為 885.5 元。以現在的 8 月 26 日夜盤收盤價為準，價格為 846 元，每噸獲利 22.5 元，每張獲利1,350 元。

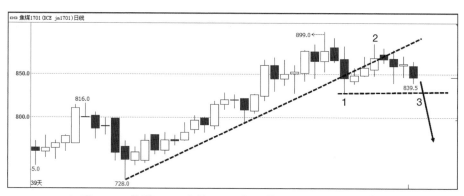

▲ 圖 3-53　焦煤 1701 合約 2016 年 7 月 6 日至 8 月 26 日走勢圖

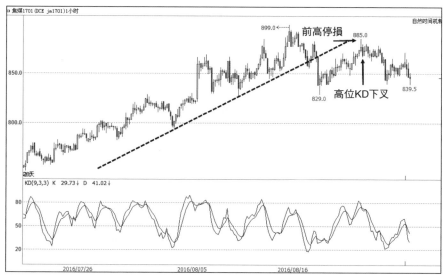

▲ 圖 3-54　焦煤 1701 合約小時線圖

71

最後來看在上升趨勢中如何應用這一方法,如圖 3-55 所示,該股在底部完成 123 法則後,我們此時的目的是要看在第 2 步的低點處能不能建多。

圖 3-56 為豆粕 1701 合約日線對應的小時線圖。第一次建多價位為 2,408 元,停損位為 2,396 元。豆粕 1701 合約後期走勢下破了 2,396 元,達到了 2,390 元,停損幅度為 12 元,每張虧損 120 元。不過沒關係,後面還有機會。

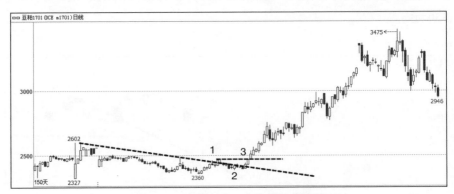

▲ 圖 3-55 豆粕 1701 合約日線走勢圖

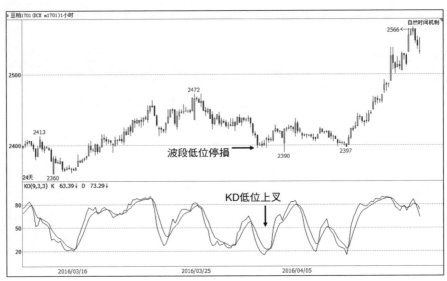

▲ 圖 3-56 豆粕 1701 合約第一次建多停損

　　圖 3-57 為第二次建多示意圖，KD 再次經由 20 以下上叉，建多價位為 2,422 元，以前期低點 2,390 元為停損位。後面一路上漲，一帆風順，本章在前面講過這個例子，從日線來看，第二次建倉時間為 2016 年 4 月 5 日，直到 2016 年 7 月 6 日價格達到 3,200 元時平倉。每噸獲利 778 元，每張獲利 7,780 元。減掉前面停損的 120 元，每張獲利 7,660 元。

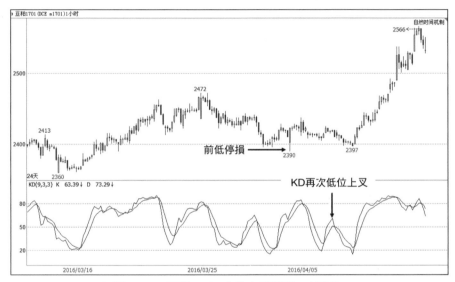

▲ 圖 3-57　豆粕 1701 合約小時線第二次建多

　　同樣地，每一次買進訊號都可以作為加倉訊號，圖 3-58 為豆粕 1701 合約小時線後續走勢圖，在低位的 KD，只要經由 30 以下上叉，此時都可以加倉，並且會有多次加倉機會。

▲ 圖 3-58　豆粕 1701 合約小時線出現的加倉機會

　　寫完這一章之時，期貨市場中至少已有 5 個品項同時給出了交易訊號，有多有空。在股票市場中，有近 3 千檔股票，交易的機會就更多了。123 法則並不難，KD 並不難，難的是一致性。堅持你的一致性，也就是我們常說的那句話：「計畫你的交易，交易你的計畫。」

第4章
演算統計 VS.漲跌規律

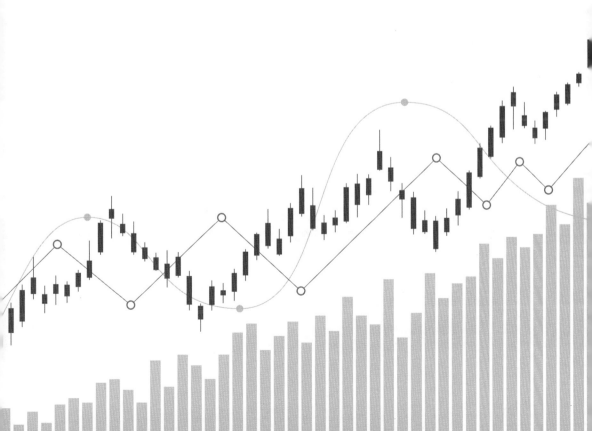

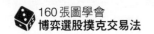

擬合參數——
不知變通的交易方法

　　所謂基礎數據，不外乎6種：開盤價、最高價、最低價、收盤價、持倉量、成交量。其中開盤價、最高價、最低價和收盤價這4個價位最為重要，所以統計數據要先從這4個價位入手。但在進行統計之前，我們先回顧一下上一章的統計例子，其中存在著某些問題，你看出來了嗎？此外，你有沒有在2.5節統計的數據中發現一點問題——擬合參數。

漁網放置前後

　　上海證券交易所成立於1990年，那麼在1991年進行交易時，是不是也遵循著星期四下跌機率大、星期五上漲機率大的規律呢？如果是，那是怎麼知道的；如果不是，那為什麼要按照這個規律來交易呢？

　　這個規律得出使用了擬合參數。那什麼是擬合參數呢？擬合參數就是已知試驗或真實數據，然後尋找一個模型對其規律進行類比，在過程中求取模型中未知參數的一個過程。下面舉個例子，幫助你更好理解擬合參數。

　　如果給你一把漁網，在能看到水裡的魚情況下，應該怎樣放置漁網才能撈到魚？假如我選擇把漁網放在魚最多的地方，如圖4-1所示（圖中小點為魚）。此時，魚是靜態的，我是動態的，我可以隨時調整漁網的位置。然後，我固定漁網等待魚入網，過了一會如圖4-2所示。魚不斷游動下，當固定漁網位置後，我反而成為靜態的，而魚成了動態的了。而漁網固定的位置，反倒變成魚很少的區域。

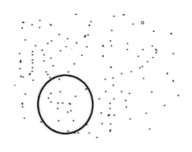

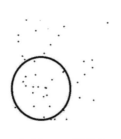

▲ 圖 4-1　下網前　　　　　▲ 圖 4-2　下網後

下網之前，我所得到的數據都是已知的，當時的確知道在哪下網最合適。但隨著交易時間的拉長，新數據不斷增多，那麼更多的數據變成了未知數據。未知數據並不一定適合用已知數據所得出來的規律，也就是說，下網後的位置，魚的數量未必是最多的了。

順變求變

再舉一個例子，有一次我和一個朋友去吃火鍋，他兒子想吃魚餃，就把魚餃放到火鍋裡煮，過了一會兒他再去剛下鍋處找魚餃，發現魚餃不見了。這個孩子出現的問題，和我們說的擬合參數基本是一個道理。

所以有「時移則事異，事異則備變」的說法。想要捕到魚，就要不斷改變漁網的位置，我們甚至需要改變漁網的形狀，這就是「備變」了。對於網路上販售的各種分析軟體，你一定要識別這些軟體是否用了擬合參數。如果用了，也可能只在分析過去的數據時表現良好，對新數據則沒有良好的分析能力。

那我們剛剛舉的例子是不是應該進行一些修改呢？如何修改才能避免擬合參數呢？

進化演算法——更彈性地利用數據

如果不用擬合參數，很多想法都不能付諸實踐，但用了擬合參數，又不知道如何解決刻舟求劍的處境。我直到讀了《物種起源》，才知道應該如何處理擬合參數的問題。

變異和遺傳

物種是不斷演化的，這與新數據所產生的規律也是不斷變化的道理相近。物種為什麼演化呢？是為了適應當下的環境。新數據的變化也是為了符合當時的需要，這樣看來，數據的變化和物種的演化其實是可以類比的。

物種一方面為了適應當下的環境而發生變異，一方面為了將自己的基因延續下去而有遺傳性，所以物種適應的環境以當下為主。但物種也不是在每一個環境改變的瞬間都會發生變化，於是可以推導出物種是以當下為終點，向前推至一段時間的環境來適應。這裡要注意的問題是：物種適應的是一段時間的環境，而不是地球誕生以來至今的平均環境。

從數據的層面來理解，總結數據的規律需要以一定時間為基礎，時間不能太長，不能是全部數據的平均化；也不能太短，不能是一兩個月或一兩年的規律。

所以我們選擇以 14 年為「一段時間」，將 1991 年至 2004 年作為一個基數來總結規律，如表 4-1 所示。然後把這個規律套用至 2005 年，再將 1992 年至 2005 年的數據作為一個基數，總結出新的規律，如表 4-2 所示，再把這個規律套用至 2006 年。以此類推，圖 4-3 為 1991 年至 2004 年的數據對比圖，圖 4-4 為 1992 年至 2005 年的數據對比圖。

表 4-1　1991 年 1 月 2 日至 2004 年 12 月 31 日，14 年數據

日期	上漲天數	上漲機率	下跌天數	下跌機率
星期一	312	46.71%	356	53.29%
星期二	352	51.69%	329	48.31%
星期三	344	50.74%	334	49.26%
星期四	328	48.45%	349	51.55%
星期五	384	56.97%	290	43.03%

表 4-2　1992 年 1 月 3 日至 2005 年 12 月 30 日，14 年數據

日期	上漲天數	上漲機率	下跌天數	下跌機率
星期一	305	45.05%	372	54.95%
星期二	343	49.85%	345	50.15%
星期三	338	49.13%	350	50.87%
星期四	318	46.42%	367	54.58%
星期五	373	54.69%	309	45.31%

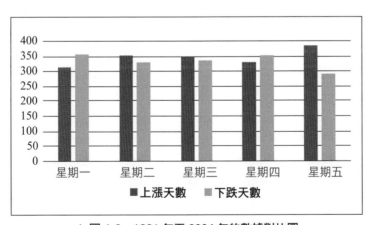

▲ 圖 4-3　1991 年至 2004 年的數據對比圖

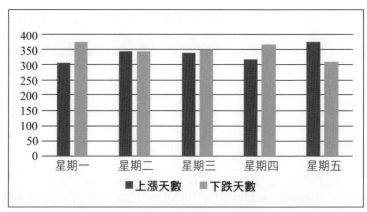

▲ 圖 4-4　1992 年至 2005 年的數據對比圖

　　從表 4-1 可以看出，星期五上漲的機率最大，所以 2005 年我們可以在星期四收盤時買進，在星期五收盤時賣出。當然還有另一種方法，由於星期一和星期四的下跌機率大，其他三天的上漲機率大，也可以在星期一收盤時買進，星期三收盤時賣出，星期四收盤時買進，星期五收盤時賣出。從表 4-2 可以看出，只有星期五的上漲機率超過了 50%。2006 年我們可以只在星期四買進，星期五賣出。

歷史統計數據

　　表 4-3 至表 4-12 為 1993 年開始至 2015 年結束，所有以 14 年為基數的數據。從這些數據展示出的規律中，你可以思考該如何制訂下一年的交易規律了。並且縱觀所有這些表格中星期四、星期五的數據，都是星期四下跌機率大於 50%，星期五上漲機率大於 50%。即便不使用其他方法，只按照星期四收盤買進，星期五收盤賣出這一規律進行交易，也會有非常大的獲利。

　　不要小看這些數據，建立在機率上的策略回測，必須有些這數據作為支撐。

表 4-3　1993 年 1 月 4 日至 2006 年 12 月 29 日，14 年數據

日期	上漲天數	上漲機率	下跌天數	下跌機率
星期一	313	46.30%	363	54.70%
星期二	353	51.53%	332	48.47%
星期三	341	49.64%	346	50.36%
星期四	315	45.99%	370	54.01%
星期五	370	54.17%	313	45.83%

表 4-4　1994 年 1 月 3 日至 2007 年 12 月 28 日，14 年數據

日期	上漲天數	上漲機率	下跌天數	下跌機率
星期一	332	49.33%	341	50.67%
星期二	360	52.79%	322	47.21%
星期三	348	50.95%	335	49.05%
星期四	314	46.04%	368	53.96%
星期五	370	54.33%	311	45.67%

表 4-5　1995 年 1 月 3 日至 2008 年 12 月 30 日，14 年數據

日期	上漲天數	上漲機率	下跌天數	下跌機率
星期一	339	50.45%	333	49.55%
星期二	356	52.20%	326	47.80%
星期三	350	51.24%	333	48.76%
星期四	316	46.47%	364	53.53%
星期五	370	54.57%	308	45.43%

表 4-6　1996 年 1 月 2 日至 2009 年 12 月 31 日，14 年數據

日期	上漲天數	上漲機率	下跌天數	下跌機率
星期一	358	54.19%	315	46.81%
星期二	359	52.64%	323	47.36%
星期三	357	52.35%	325	47.65%
星期四	320	47.27%	357	52.73%
星期五	364	54.01%	310	45.99%

表 4-7　1997 年 1 月 2 日至 2010 年 12 月 31 日，14 年數據

日期	上漲天數	上漲機率	下跌天數	下跌機率
星期一	360	53.65%	311	46.35%
星期二	361	53.01%	320	46.99%
星期三	355	52.05%	327	47.95%
星期四	321	47.49%	355	52.51%
星期五	362	53.79%	311	46.21%

表 4-8　1998 年 1 月 5 日至 2011 年 12 月 30 日，14 年數據

日期	上漲天數	上漲機率	下跌天數	下跌機率
星期一	353	52.92%	314	47.08%
星期二	365	54.60%	316	46.40%
星期三	359	52.56%	324	47.44%
星期四	317	46.76%	361	54.24%
星期五	356	52.74%	319	47.26%

表 4-9　1999 年 1 月 4 日至 2012 年 12 月 31 日，14 年數據

日期	上漲天數	上漲機率	下跌天數	下跌機率
星期一	359	54.90%	307	46.10%
星期二	370	54.57%	308	45.43%
星期三	360	52.79%	322	47.21%
星期四	320	47.20%	358	52.80%
星期五	358	52.88%	319	47.12%

表 4-10　2000 年 1 月 4 日至 2013 年 12 月 31 日，14 年數據

日期	上漲天數	上漲機率	下跌天數	下跌機率
星期一	370	55.47%	297	44.53%
星期二	374	55.24%	303	44.76%
星期三	358	52.57%	323	47.43%
星期四	320	47.27%	357	52.73%
星期五	355	52.44%	322	47.56%

表 4-11　2001 年 1 月 2 日至 2014 年 12 月 31 日，14 年數據

日期	上漲天數	上漲機率	下跌天數	下跌機率
星期一	366	54.87%	301	45.13%
星期二	378	55.67%	301	44.33%
星期三	362	53.00%	321	47.00%
星期四	316	46.61%	362	53.39%
星期五	366	53.98%	312	46.02%

表 4-12　2002 年 1 月 4 日至 2015 年 12 月 31 日，14 年數據

日期	上漲天數	上漲機率	下跌天數	下跌機率
星期一	376	56.37%	291	43.63%
星期二	376	55.21%	305	44.79%
星期三	370	54.01%	315	45.99%
星期四	323	47.57%	356	52.43%
星期五	372	54.95%	305	45.05%

連續性統計──規避跳空影響

在設計交易系統時,我們要考慮持倉過夜這個問題。例如中國股市是 T+1 制度,所以必須持倉過夜。如果我們星期四收盤買進,一直持有到星期五賣出,那麼就要考慮我們的統計方法是否正確。

如果星期四確實收陰線,假設它的收盤價為 3,000 元。然而星期五低開 100 元後收陽線,收盤價為 2,980 元。雖然星期四下跌、星期五上漲的規律沒有變化,但實際上星期五是屬於下跌的。

那麼我們就有必要修正一下統計方法,不能以當天收陰線還是收陽線來論漲跌,而應該以當天的收盤價對比前一天的收盤價高低來確定漲跌,如圖 4-5 和圖 4-6 所示。

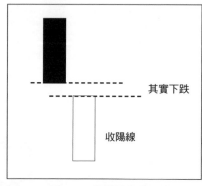

▲ 圖 4-5　收陽線其實下跌

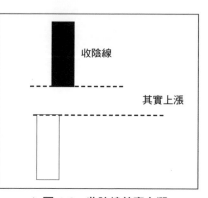

▲ 圖 4-6　收陰線其實上漲

但是你不用擔心,我們剛剛統計過的數據已經沒用了。原因在於股市跳空事件,特別是綜合指數跳空事件發生得極少。即使有小跳空的存在,基本

上不影響以陰線和陽線來確定漲跌的規律。但我們在統計期貨數據時，就要特別小心了。

為了驗證此說法，我用全樣本數據，按對比相鄰兩天收盤價的方式來確定漲跌，看看規律是否有變化，如表4-13所示，圖4-7為相鄰兩天數據對比圖。

表 4-13　相鄰兩天收盤價對比

日期	上漲天數	上漲機率	下跌天數	下跌機率
星期一	662	54.73%	570	46.27%
星期二	681	54.22%	575	45.78%
星期三	675	53.66%	583	46.34%
星期四	595	47.45%	659	52.55%
星期五	678	54.37%	569	45.63%

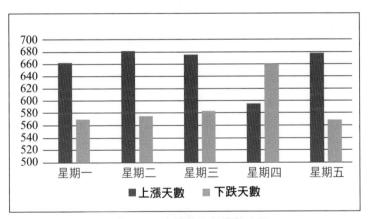

▲ 圖 4-7　相鄰兩天數據對比圖

看來規律是沒有太大變化的，還是星期四下跌機率最大，星期五上漲機率最大。或者我們可以總結為：如果你是一個日內沖銷者，要用當日收陰線還是收陽線來確定漲跌；如果你需要隔夜持倉，要用相鄰兩天收盤價的對比來確定漲跌。

漲跌機率並不等於漲跌幅度

如果某一天上漲機率極高,但它上漲時間內平均上漲 1 點,而下跌時間內平均下跌 5 點,即使它的上漲機率再高,對實際操作來說也是沒有幫助的。但如果某一天上漲機率一般,平均上漲 10 點,平均下跌 1 點,我們寧願選擇後者。

所以我們統計了每週特定時間的上漲機率和下跌機率後,必須要結合它們的漲跌幅度共同應用,才能達到最佳效果。表 4-14 所示,分別為當日平均漲跌幅度,和相鄰兩天對比平均漲跌幅度。圖 4-8 為當日平均漲跌幅度,與相鄰兩天對比平均漲跌幅度示意圖。

表 4-14 平均漲跌幅度

日期	當日平均漲跌幅度（點）	相鄰兩天對比平均漲跌幅度（點）
星期一	1.092 2	1.576 8
星期二	-0.161 7	-1.674 2
星期三	4.268 3	2.145 3
星期四	-1.501 9	-1.424 1
星期五	2.537 6	1.711 0

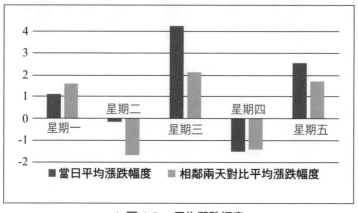

▲ 圖 4-8　平均漲跌幅度

平均漲跌幅度表與相鄰兩天漲跌機率表，都是應用全樣本數據進行統計的。將這兩張表進行對比可以看到，在相鄰兩天漲跌機率表中，星期二也是上漲機率高的，但它的真實平均漲跌幅度卻是負值。

也就是說星期二雖然收陽線的天數多、收盤價高於星期一的天數也多，但幅度不大，整體來說星期二還是下跌得更多一些。所以在買入並持有的日子中，我們除了排除星期四，再次就是排除星期二了，而且星期二還隱藏得比較深。

如此一來，如果我們按照統計出來的規律做短線的話，可以選擇在星期二買進，星期三賣出；星期四買進，星期五持有一天，星期一賣出。

雖然根據規律就能給出系統設計的框架，但還是不要忘記，這是我們最後總結出來的規律，也就是說，這還是刻舟求劍的方法。我們還需要用進化演算法來對每個階段進行統計，如表 4-15 至表 4-26 所示。

表 4-15　1991 年 1 月 2 日至 2004 年 12 月 31 日平均漲跌幅度各日數據

漲跌幅度	星期一	星期二	星期三	星期四	星期五
當日平均漲跌幅度	-2.025 3	-1.267 4	0.336 3	-1.349 2	1.049 5
相鄰兩天對比平均漲跌幅度	-0.822 0	-0.868 6	0.839 7	0.537 8	1.454 9

單位：點

表 4-16　1992 年 1 月 3 日至 2005 年 12 月 30 日平均漲跌幅度各日數據

漲跌幅度	星期一	星期二	星期三	星期四	星期五
當日平均漲跌幅度	-2.073 2	-1.304 6	0.545 2	-1.542 5	1.088 9
相鄰兩天對比平均漲跌幅度	-0.940 4	-1.009 8	1.027 9	0.274 0	1.908 0

單位：點

表 4-17　1993 年 1 月 4 日至 2006 年 12 月 29 日平均漲跌幅度各日數據

漲跌幅度	星期一	星期二	星期三	星期四	星期五
當日平均漲跌幅度	-0.974 7	-0.554 1	0.590 9	-1.612 5	1.295 5
相鄰兩天對比平均漲跌幅度	0.190 7	0.130 5	1.636 6	-0.688 4	1.449 9

單位：點

表 4-18　1994 年 1 月 3 日至 2007 年 12 月 28 日平均漲跌幅度各日數據

漲跌幅度	星期一	星期二	星期三	星期四	星期五
當日平均漲跌幅度	2.181 1	0.149 3	1.731 1	-2.321 3	2.153 0
相鄰兩天對比平均漲跌幅度	4.550 3	0.948 0	2.423 7	-1.703 2	1.317 3

單位：點

表 4-19　1995 年 1 月 3 日至 2008 年 12 月 30 日平均漲跌幅度各日數據

漲跌幅度	星期一	星期二	星期三	星期四	星期五
當日平均漲跌幅度	0.834 7	-1.466 1	2.508 7	-2.179 9	1.902 2
相鄰兩天對比平均漲跌幅度	2.20 44	-1.893 5	2.904 6	-2.106 3	0.644 7

單位：點

表 4-20　1996 年 1 月 2 日至 2009 年 12 月 31 日平均漲跌幅度各日數據

漲跌幅度	星期一	星期二	星期三	星期四	星期五
當日平均漲跌幅度	2.2174	-1.150 9	2.852 2	-1.483 1	1.796 6
相鄰兩天對比平均漲跌幅度	4.626 1	-1.681 3	4.023 1	-1.632 5	0.720 1

單位：點

表 4-21　1997 年 1 月 2 日至 2010 年 12 月 31 日平均漲跌幅度各日數據

漲跌幅度	星期一	星期二	星期三	星期四	星期五
當日平均漲跌幅度	2.177 7	-1.385 3	2.902 3	-1.380 9	1.998 2
相鄰兩天對比平均漲跌幅度	4.542 0	-1.995 4	2.488 0	-1.783 4	0.559 2

單位：點

表 4-22　1998 年 1 月 5 日至 2011 年 12 月 30 日平均漲跌幅度各日數據

漲跌幅度	星期一	星期二	星期三	星期四	星期五
當日平均漲跌幅度	2.023 8	-1.145 6	4.386 6	-1.734 1	1.801 7
相鄰兩天對比平均漲跌幅度	2.689 8	-2.057 2	2.596 9	-2.140 2	0.392 9

單位：點

表 4-23　1999 年 1 月 4 日至 2012 年 12 月 31 日平均漲跌幅度各日數據

漲跌幅度	星期一	星期二	星期三	星期四	星期五
當日平均漲跌幅度	2.119 4	-0.651 1	4.322 4	-1.445 3	2.162 4
相鄰兩天對比平均漲跌幅度	2.530 4	-1.720 6	2.346 0	-2.134 4	0.706 3

單位：點

表 4-24　2000 年 1 月 4 日至 2013 年 12 月 31 日平均漲跌幅度各日數據

漲跌幅度	星期一	星期二	星期三	星期四	星期五
當日平均漲跌幅度	2.620 3	-0.320 2	4.248 8	-1.747 3	2.326 4
相鄰兩天對比平均漲跌幅度	2.845 5	-1.702 8	2.058 7	-2.807 5	0.687 4

單位：點

表 4-25　2001 年 1 月 2 日至 2014 年 12 月 31 日平均漲跌幅度各日數據

漲跌幅度	星期一	星期二	星期三	星期四	星期五
當日平均漲跌幅度	2.588 8	0.0788	4.7607	-1.548 7	2.951 6
相鄰兩天對比平均漲跌幅度	2.683 1	-1.5903	2.4455	-2.858 9	1.019 6

單位：點

表 4-26　2002 年 1 月 4 日至 2015 年 12 月 31 日平均漲跌幅度各日數據

漲跌幅度	星期一	星期二	星期三	星期四	星期五
當日平均漲跌幅度	4.891 6	0.8526	5.213 9	-1.028 8	4.029 4
相鄰兩天對比平均漲跌幅度	4.975 1	-2.037 5	2.848 3	-2.500	0.612 7

單位：點

　　如果當日漲跌幅度大於相鄰兩天漲跌幅度，說明當日開低；如果當日漲跌幅度小於相鄰兩天的漲跌幅度，說明當日開高。

　　例如，對照 2002 年至 2015 年的漲跌幅度和平均漲跌幅度，首先能夠確定的就是星期二和星期四不能持倉，只能在星期一、星期三和星期五持倉。又因為星期一的當日平均漲幅，小於相鄰兩天對比平均漲幅，說明當天是高開的，所以最好是在星期一之前就買入並持倉。星期三和星期五恰好相反，所以最好是在星期三和星期五當天開盤時買入。

　　綜合以上，2016 年短線的交易系統設計最好是：星期三當天開盤買入，持有至星期四收盤時賣出；然後在星期五當天開盤時買入，持有至星期一收盤時賣出。

日、週、月皆可統計

　　基於這些統計數據，我們可以制定一些基本策略的框架。短線交易系統應該建立在機率之上，當然由於 T+1 制度不能讓我們當天買進當天賣出，但你至少可以選擇在高機率下跌的日子，將手中的股票賣掉，等到它收盤時

再買回來，可以看成是變相的日內短線。

　　一年大約有 52 週，如果不能靈活地應用以日為單位的統計數據，至少可以以週為單位進行統計，終歸還是有規律可循的。

　　這種方法還可以應用到外匯市場、商品期貨市場、國債期貨市場、股指期貨市場。方法不變，變的只是標的物。表 4-27 所示為以月為單位進行統計的平均漲跌幅度、最高漲跌幅度、最低漲跌幅度以及當月漲跌幅度的中位數。圖 4-9 為每月平均漲跌幅度和中位數對比圖。

表 4-27　月單位數據

時間	平均漲跌幅度	最高漲跌幅度	最低漲跌幅度	中位數
1月	1.01%	44.57%	-22.65%	0.735%
2月	4.2%	16.42%	-5.15%	2.97%
3月	1.67%	18.68%	-30.9%	4.5%
4月	4.65%	46.75%	-15.88%	1.16%
5月	6.6%	177.23%	-31.15%	0.71%
6月	0.13%	32.06%	-20.31%	-1.275%
7月	-1.42%	17.2%	-28.85%	-0.93%
8月	4%	135.19%	-21.81%	0.05%
9月	-0.55%	8.1%	-14.69%	-0.2%
10月	-0.65%	20.83%	-27.78%	-0.83%
11月	4.94%	42.85%	-18.19%	4.48%
12月	2.05%	27.61%	-15.34%	-0.15%

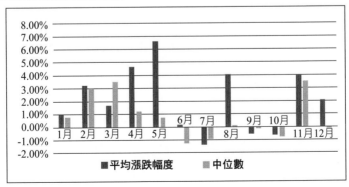

▲ 圖 4-9　每月平均漲跌幅度和中位數對比圖

第 **5** 章

一小時學會 RangeBreak 交易預測系統

用 2 個關鍵問題，
把建倉點位量化

在美國，RangeBreak 交易系統的獲利曾常年位於《美國權威交易系統評選雜誌》（Futures Truth Magazine）排行前十。至於誰是它的發明人，一直沒有定論，但我第一次見到 RangeBreak 系統是在拉里・威廉姆斯的《短線交易秘訣》一書中。拉里・威廉姆斯是美國實盤期貨交易比賽的冠軍，在比賽中，他一年內賺了本金的 11 倍，我們熟知的威廉指標也是他發明的。

幅度應該是多少？

經由統計漲跌機率和平均漲跌幅度，我們找到了建倉的時間，那麼下一步就是找出在哪個點位建倉。

可不可以一開盤就買入？或者尋找盤中低點買入？由於無法確定，所以我們必須要量化。

即便星期三的上漲機率很高，平均漲幅也很大，但畢竟不是每個星期三都會上漲。即使 60% 的時間是上漲的，那還有 40% 的時間是下跌的。為了能在更大程度上獲利，就必須找出建倉點位。如果這一天適合建倉，則買入；如果不適合就放棄，等待下一次機會。

如果行情在沒有外力的推動下，是橫向窄幅震盪運行的，那在這種情況下，不論是做多還是做空，幾乎都無利可圖。直到某一個方向出現了巨大的推動力，將價格推向一個方向，或直到另外一方的力量反向推動價格為止。

我們研究短線思路，不必考慮這股力量是哪裡來的、怎麼來的、為什麼來，這些都與短線交易沒有關係。短線交易只看當下力量的方向，好好利用這股力量就足夠了。

如果在這股力量沒有來之前，價格的橫向運行是有震盪幅度的。例如它在 100 點之間震盪，這股力量需要將它朝一個方向推出多遠，才能改變它的橫向慣性呢？

推出 50 點行不行？推出 100 點行不行？推出 200 點行不行？都有可能，但具體推出多少現在不清楚。每個品項、每支個股是有區別的，都必須進行量化，都要經由計算之後才能弄清楚，這是第一個問題。

起始點在哪？

第二個問題，如果說推出 50 點就打破了平衡，那麼從哪個位置開始計算 50 點呢？應該從昨天的收盤價算起，從今天的最高價或最低價算起，還是從今天的開盤價算起？

弄清楚了這兩個問題，也就量化了建倉點位。量化建倉點位的具體操作如下：首先要找出起始點，其次找出偏離這個起始點的幅度。只要偏離超過了這個幅度，我們就認為價格會按照這個慣性運動下去，直到另一股方向相反的力量出現。

如果想弄清楚第一個問題，首先必須解決第二個問題。有了起始點，幅度才有意義。起始點只有 4 個基礎價位可以選擇，即昨日收盤價、當日最高價、當日最低價和當日開盤價。

再回頭去看平均漲幅表，發現星期一、星期三、星期五大部分都是當日漲幅高於相鄰兩天收盤價對比的漲幅。也就是說這三天大部分都是低開的，當日開盤價要比昨日收盤價好得多。而最高價、最低價都帶有極端性，這兩個指標也排除，那麼我們就以當日的開盤價為起始點。

確定了起始點，就要確定價格朝某一個方向推進的幅度，如果我們只是做股票的話，只需要量化上升的幅度即可。如果你能在股票市場上融券做空或者做期貨交易，那麼還需要量化下降的幅度。

由震盪幅度，預測做多或做空

如果前段時間或者說前一天，價格平均每天上漲 5 個點，而今天上漲了 10 個點，這就打破了之前所說的上漲速率的平衡，我們有理由認為：有一股力量推動了價格上漲。

RangeBreak 系統

是否打破平衡，不能光用眼睛看，還要用筆算。怎麼算呢？仍然使用我們的進化演算法，但需要再加上一個條件。

還記得我們說的物種演化嗎？物種為了適應當下的環境，在變異的同時，還存在遺傳。我們對數據的處理，不是極端地以此刻的規律作為指導，如果那樣做就會發生極端變異。也不能以全樣本的平均數據總結出的規律作為指導，如果那樣就忽略了「變異」的影響，過分強調「遺傳」的作用。因此，較為合理的方法是，我們在處理數據的時候，要不斷地加入新數據，再以相同的速度拋棄最老的數據。

即便是這樣以「一段時間」來總結規律，也要注意，在這「一段時間」中，離現在越近的時間對我們的影響越大。相反地，離現在越遠的時間，對我們的影響越小。例如，我們以 1991 年至 2004 年這「一段時間」的數據作為樣本來統計規律，2004 年的數據對規律的影響要大於 2003 年的影響，2003 年的又同樣大於 2002 年的。也就是說，在時間上離我們越近的數據，應該給予更高的權重；而離我們越遠的，給予更小的權重。

有了時間、起始點再來確定幅度，這就需要我們一步一步進行計算。如果以當日開盤價為基礎，向上波動的幅度，超過了前一天的最大波動幅度的

N 倍，則買進。相反地，以當日開盤價為基礎，向下波動的幅度超過了前一天的最大波動幅度的 N 倍，則賣出。RangeBreak 交易系統公式如下。

上軌＝當日開盤價＋（昨日最高價－昨日最低價）× N

下軌＝當日開盤價－（昨日最高價－昨日最低價）× N

當價格突破上軌時做多，當價格跌破下軌時做空。

不設停損位，持有至收盤平倉。圖 5-1 所示為 RangeBreak 系統操作方法示意圖。

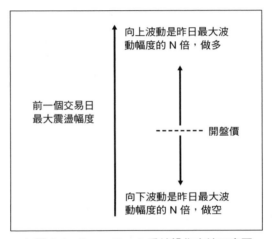

▲ 圖 5-1　RangeBreak 系統操作方法示意圖

優化係數

上圖中的 N 是多少？ 1% ？ 10% ？還是 140% ？這需要我們逐一去計算，建議用 Excel 來進行計算，各種看盤軟體都會提供基礎數據，只要利用 Excel 的計算功能按照公式來進行回測，一兩個小時就可以搞定一支個股。不用計算得過細，以 10%、20% 這樣的整數進行計算就好。

如何在股票交易中用這種方法進行量化呢？由於個股太多，我們只能以上證指數來代替。還是因為中國採用的是 T+1 制度，當天買進不能當天平倉。那只能再次變通一下，利用週線來量化。再次，我們按一般的交易進行計算，不考慮融券做空行為，只考慮做多。

(1) 首先將 1991 年全年的週線數據準備好。用第一週的最高價減去最低價，這就是「昨日最高價－昨日最低價」，也就是「昨日最大波動幅度」。

(2) 用 N 乘以「昨日最大波動幅度」再加上第二週的開盤價。這個 N，就需要從 10%、20% 一直計算到 100%，計算 10 次後得出軌數值。當第二週的價格大於上軌數值時，買進；若小於上軌數值，等待。

(3) 觸發了買進條件後，持有至第二週收盤時平倉。繼續計算第三週、第四週，一直將全年計算完。找出 1991 年中獲利最多時的係數 N，並直接應用到 1992 年中。

(4) 再將 1991 年和 1992 年的全部週線數據準備好，重新計算。其中，1991 年獲利數值的權重為 1，1992 年的權重為 2，採取加權平均計算方法。再次計算時，取兩年共同獲利最多時的係數 N。將 N 值直接套用於 1993 年。再以 1991 年、1992 年、1993 年的週線數據進行重複計算，其中第 3 年的權重為 3。不斷地如此反覆計算，到第 13 年時，第 13 年的權重為 13。13 年合計 91 個權重。

(5) 如此反覆計算，到第 14 年時，也就是即將計算 2004 年時，將 1991 年的週線數據刪除。利用 1992 年至 2004 年這 13 年的數據再次計算，並始終保持計算樣本為 13 年的週線數據。

雖然係數 N 還是經過擬合後計算得出的，但這種方法給了離我們最近的一年的數據最大的權重，離我們最遠的一年的數據最小的權重，兼顧了「遺傳性」和「變異性」。計算出係數 N 後，並沒有經過特殊處理，直接應用於下一年的新數據中，也就是你可以將下一年的新數據當成是未知數據，用係數 N 直接計算得到的結果，就接近真實的交易結果。

我的計算結果如表 5-1 所示，1991 年週線數據擬合出的最佳係數為 0.1，那麼將係數 0.1 套入公式，直接計算 1992 年的獲利狀況，獲利 509.89 點。再用 1991 年和 1992 年的數據，擬合出的最佳係數為 0.44，直接應用於 1993 年，獲利 475.46 點。

最後的結果是用這套短線系統，在沒有停損的情況下，獲利 9828.65 點，而上證指數從 1992 年至 2016 年 7 月 29 日當週，實際漲幅為 2688.55 點。

將上證指數走勢和 RangeBreak 系統的獲利曲線進行疊加，如圖 5-2 所示。在上證指數下跌時，RangeBreak 系統幾乎沒有交易，而每一次上漲都

表 5-1　上證指數 RangeBreak 系統回測係數與獲利

年份	使用參數	獲利（點）	擬合後係數	上證實際漲幅（點）
1991		125.48	0.1	
1992	0.1	509.89	0.4	487.64
1993	0.4	475.46	0.4	53.41
1994	0.4	121.6	0.4	-185.93
1995	0.4	235.21	0.3	-92.58
1996	0.3	317.03	0.2	361.73
1997	0.2	263.11	0.2	277.08
1998	0.2	235.58	0.2	-47.4
1999	0.2	576.76	0.2	219.88
2000	0.2	607.67	0.2	706.9
2001	0.2	72.97	0.2	-427.51
2002	0.2	60.59	0.2	-288.32
2003	0.2	377.75	0.2	139.39
2004	0.2	-66.43	0.2	-230.54
2005	0.2	88.22	0.2	-105.44
2006	0.2	1,122.08	0.2	1,515.41
2007	0.2	1,345.67	0.1	2,586.09
2008	0.1	-196.93	0.1	-3,440.76
2009	0.1	1,095.05	0.1	1,456.3
2010	0.1	-146.7	0.1	-469.06
2011	0.1	-123.25	0.1	-608.66
2012	0.1	270.72	0.1	69.71
2013	0.1	237.41	0.1	-153.15
2014	0.1	946.87	0.1	1 118.7
2015	0.1	1,201.56	0.1	305.5
2016	0.1	75.28		-559.84

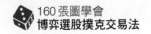

會拿到一部分獲利，所以 RangeBreak 系統的獲利曲線，一直運行於上證綜合指數的走勢之上。

▲ 圖 5-2　RangeBreak 系統獲利與上證指數走勢對比圖

5 個步驟驗證系統的正確性

　　對於一個設計良好的交易系統來說，以必要的系統評測，才能知道它在歷史數據中運行的效果。如果效果滿意則可以使用，如果效果不好則果斷放棄。當然，我所說的歷史數據，並不是全樣本擬合後的數據，那是沒有意義的。

　　任何系統在對全樣本數據或部分樣本數據進行充分擬合後，都會得到一份令人非常滿意的評測結果，但我們前面就說過，全樣本擬合並不可取。我使用的方法，是在有限的歷史數據中找到規律或者找到擬合參數，直接套用到下一單位時間中，得出的交易結果就接近真實的交易結果。只有這樣的回測數據，才有進行系統評測的必要。

淨利潤總額

　　進行系統評測時，首先要看淨利潤總額。觀察在這一段時間內，用這種策略最後賺了多少錢，淨利潤總額是最常用的一種衡量指標。需要注意的是，它不是最重要的指標，卻是我們最關心的指標，賺多賺少，一目了然。那為什麼又說淨利潤總額不太重要呢？

　　因為淨利潤總額只告訴了你最後的結果，卻無法告訴你在使用這套策略時，什麼時候賺了錢。可能去年賺了 200 元，今年虧了 100 元，淨利潤總額為 100 元，結果看起來還是不錯的。但我們知道，當出現相對巨額虧損時，說明這種策略還是有問題的。

　　雖然淨利潤總額有這樣的缺陷，但它也是不可或缺的。因為做完回測後，如果淨利潤總額是正的，並且數額是可接受的，我們就可以繼續對這種

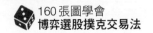
策略進行分析、優化；如果數額為負或者太小，也就沒有進行下一步評測的必要了。

平均交易回報

其次要看平均交易回報。平均交易回報這個指標是很重要的，它的計算方法是：用淨利潤總額除以總交易筆數。如果比值夠大，說明你每筆交易都能賺較多錢。如果比值過小，就有兩種可能：第一是你的淨利潤總額太小；第二是總交易筆數過多，陷入了頻繁交易中，可能賺到的大部分錢都交了手續費。無論是哪一種情況，你之前使用的這種策略就不建議繼續使用了。

最大獲利和最大虧損

再次要看最大獲利和最大虧損。最大虧損如果超過了你能準備的本金很大一部分，那也不推薦使用這種策略。如果你運氣差，最大虧損每次為本金的 10%，遇到幾次連續虧損，可能就損失很大一部分本金了。所以最大虧損一定要控制好，這關乎生存問題。

最大獲利太大了也不好，因為如果一年賺 100 元，而其中有一次最大獲利為 50 元，那表示這一年內的其他交易幾乎沒賺什麼錢，更深層次的意思就是，這種最大獲利是非經常性事件。這和我們分析財務報表是一樣的，非經常性獲利一定要排除。最大獲利最好與平均交易回報相差不多，才能說明你使用的策略極其穩定。

盈虧比

第四要看盈虧比。看盈虧比之前需要先瞭解兩個概念：毛利潤和毛虧損。毛利潤是指在所有交易中只算賺到的錢，毛虧損是指在所有交易中只算虧損的錢，將兩者相加就是淨利潤總額。

毛利潤除以毛虧損的比值就是盈虧比。它能告訴你每投入一元的風險和你可能獲得多少利潤，我們來舉一個詳細的例子。

你手中有 2 元，下注 1 元，如果贏了可以賺 2 元，輸了則輸 1 元。

第 1 次下注，你輸了，損失了 1 元，此時的毛損就是 1 元。

再次下注，你贏了，賺了 2 元，此時的毛利就是 2 元。

毛利 2 元除以毛損 1 元，你的盈虧比就是 2。

按照定義，盈虧比越大越好，說明你每投入一元的風險越低，可獲得的利潤就越高。但盈虧比是不是越大越好呢？其實盈虧比的高低並不重要。因為交易次數是隨時間而增加的，盈虧比並不是固定不變的，而是隨著每筆交易不斷變化的。如果你連續獲利，盈虧比會不斷增高；如果你連續虧損，盈虧比會不斷下跌。

但就短時間來說，這都代表不了什麼。最好的策略是獲利和虧損均勻地分佈在時間軸上，因此關於盈虧比的判定標準是：盈虧比的高低不重要，盈虧比越平穩越好。

平均毛利和平均毛損

第五要看平均毛利和平均毛損。其實這是對平均交易回報的一種深入衡量：如果毛利大於毛損，而平均毛利卻小於平均毛損，說明獲利都集中在幾筆交易中，分佈不均。分佈不均是日內沖銷策略最大的弊端，關於分佈不均的推論是：你可能會遭遇非常頻繁的連續虧損，而這些虧損整合起來將會是一個非常可怕的數字。

最大連續獲利、最大連續虧損次數和獲利次數百分比

最後要看最大連續獲利次數、最大連續虧損次數和獲利次數百分比（準確率）。最大連續虧損次數當然不能過多，這非常重要。最大連續獲利次數當然是越多越好，它還有一個妙用，就是利用這一統計數據，如果你自知策略連續獲利的最大次數為 5 次，那麼當你已經連續 4 次獲利時，下一次很大機率上是會虧損的，那麼就可以不下注或少下注。

獲利次數百分比，是用來衡量交易總筆數中獲利次數佔比多、還是虧損次數佔比多。結合以上兩個概念，獲利次數百分比當然是越高越好了。

5.4

RangeBreak 系統的評測方法

本節對 RangeBreak 系統進行一些簡單的回測，規定不論交易中獲利多少，都只保持最初的固定頭寸規模。

上證指數週線系統評測

上證指數週線回測數據如表 5-2 所示。

表 5-2　RangeBreak 系統評測回測數據表

時間：1992 年～2016 年 7 月 29 日	
樣本：上證指數週線	
利潤總額（點）	9,659.16
交易筆數	863
平均每筆交易回報（點）	11.19
最大獲利（點）	772.26
最大虧損（點）	462.58
毛利潤（點）	26,391.3
毛虧損（點）	16,732.14
盈虧比	1.58
獲利交易筆數	516
虧損交易筆數	347
準確率	59.79%
平均毛利潤（點）	51.15

平均毛虧損（點）	48.22
最大連續虧損次數	10
最大連續虧損數額（點）	462.58

商品期貨日線系統評測

回測上證指數，只能給出獲得的點數，看不到真實的獲利。我一直都用系統測評的方法在期貨中進行交易，所以下面列出了我參與的一些期貨交易的回測數據，供大家參考，如表 5-3 所示。

表 5-3　商品期貨 RangeBreak 系統評測

時間：2009 年 7 月 12 日～2016 年 7 月 19 日	
樣本：豆粕、螺紋鋼、豆油、白糖、PTA（精對苯二甲酸）	
利潤總額（點）	267,406.8
交易筆數	1,714
平均每筆交易回報（點）	156.01
最大獲利（點）	9,380
最大虧損（點）	6,880
毛利潤（點）	1,051,015 4
毛虧損（點）	783,496.4
盈虧比	1.341 4
平均毛利潤（點）	1,230.7
平均毛虧損（點）	929.41
獲利交易筆數	854
虧損交易筆數	843
零利潤交易筆數	17
準確率	49.82%
最大連續虧損筆數	9
最大連續虧損金額（點）	16,600

5.5

不需設定停損的系統特徵

為什麼 RangeBreak 系統沒有停損？幾乎沒有任何一個系統會不關注停損的，所以我必須單獨說明一下這個問題。

關於停損的設定

在回測過程中我們會發現，RangeBreak 系統如果附帶了停損，其獲利遠遠將低於不停損的情況。但不停損不怕跌停後無法出逃嗎？不怕。這得從系統本身的特徵說起。

RangeBreak 系統，是基於突破前一個交易單位最大波動幅度的百分比來建倉的。就算前一個交易單位的最大波動幅度是漲停到跌停，這已經算得上是理論上的最大波動幅度了。但建倉是從開盤價開始算起的，突破這個理論最大波動幅度的固定百分比是小於 1 的。所以建倉位永遠不會超過理論最大波動幅度，也就不存在跌停後無法出逃的情況。

RangeBreak 系統最初適應的市場是期貨市場，因為期貨市場存在著做空機制，所以它的建倉體系也是雙向的。 例如，昨天最大波動幅度為 100點，係數為 0.5，今天的開盤價為 5,000 點。那麼今天買入建倉的點位應為 5,051 點（突破 5,050 點），賣出建倉價位應為 4,949 點（突破 4,950 點）。

- 情況 1：當日給出買入建倉訊號，在 5,051 點處買入開倉，當天價格一直運行在 4,949 點以上，收盤價為 5,100 點，當日收盤平倉，獲利 49 點。
- 情況 2：當日給出買入建倉訊號，在 5,051 點處買入開倉，當天價格一直運行在 4,949 點以上，收盤價為 5,030 點，當日收盤平倉，虧損 21 點。

- 情況 3：當日給出買入建倉訊號，在 5,051 點處買入開倉，當天價格向下跌破 4,949 點，給出賣出建倉訊號，在 4,949 點賣出開倉。此時一買一賣為鎖倉。那麼不論當日價格如何波動，虧損已經被鎖定。虧損為 102 點。其實停損點位就是反向建倉的點位。

　　情況 1 和情況 2 都是一般情況，就不展開討論了。按照情況3來看，雙向建倉時，虧損被鎖定，就等同於停損了。

與基礎統計數據結合應用

　　假如股票市場可以進行 T+0 交易了，我們就能將 RangeBreak 系統與基礎統計數據結合起來應用了。例如星期一上漲的機率非常高，並且日均漲幅也很大，那麼我們可以在星期一利用 RangeBreak 系統只做多，不做空。反之，某天下跌的機率非常高，就只做空，不做多。

　　但是股票市場無法進行 T+0 交易，我們只能換成週統計，其結果也是一樣的。你可以利用滬深 300 指數的統計數據，結合 RangeBreak 系統進行股指期貨交易，或者結合商品期貨各品項的基礎統計數據進行交易。

第**6**章

頂尖交易員用的海龜交易法，每年 80% 的複利

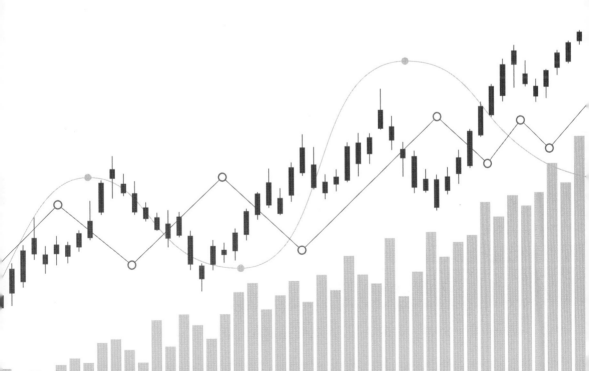

6.1

著名的「海龜法則」是什麼？

　　海龜法則的發明者是理查‧丹尼斯（Richard Dennis），海龜法則為他帶來了大筆的財富並享譽交易界。而海龜法則之所以能流傳下來，可能來自一次打賭。

　　據說 1983 年，丹尼斯和他的老朋友比爾‧埃克哈特（Bill Eckhardt）在某次談話中意見相左。丹尼斯認為優秀的交易員完全可以經由後天培養出來，而比爾的想法恰好相反。丹尼斯為了證明他的理論是正確的，便在《巴倫氏》、《華爾街期刊》和《紐約時報》上刊登了大幅廣告，招聘新手交易員進行培訓。

　　由於丹尼斯的聲名遠播，應徵的人超過 1 千位。丹尼斯親自面試了 80 位，並從中挑選出 13 位新手交易員。在對這 13 位新手交易員培訓兩週後，丹尼斯提供每個人 100 萬～200 萬美元的資金帳戶，讓他們用這兩週內學到的方法進行交易。

　　這是金融交易市場上非常著名的一次實驗，實驗持續進行了 4 年，在這 4 年中，丹尼斯的投入，平均每年都能達到 80% 的複利獲利。丹尼斯證明了自己的觀點，優秀的交易員完全可以經由後天培養。

　　其中《海龜交易法則》的作者柯帝士‧費思（Curtis Faith）在那 4 年中，為丹尼斯賺了 3 千萬美元，這可是在 20 世紀 80 年代的一筆大數字。

　　這項計畫開始時丹尼斯剛從亞洲回來，當時他想到了在沙灘上看到的小海龜，說：「我們正在成長為交易員，就像在新加坡的它們正在成長為海龜一樣。」可能這就是海龜法則名字的由來吧。

　　海龜法則的策略非常簡單，其實就是四週法則的一種變式。價格向上突破 50 天（20 天）的高點時，開始買進建倉。價格向下跌破 20 天（10 天）

低點時，開始賣出平倉。它既可以是短線交易，也可以是波段交易。

這種交易方法符合我們對短線交易的定義。當價格突破某一段時間的高點時，它可能會處於某種加速上漲的過程中，也正是我們能最快獲取利潤的那部分。當價格上漲的速度變得緩慢，向下跌破某一段時間的低點時，已不符合短線交易的要求，也就是我們離場的時機。

這與我們之前所說的打破平衡的意義是一樣的，它需要計算「向某一方向推動了多少幅度」才算打破平衡。相同地，海龜法則將最近 50 天（20 天）作為一個振盪區間，只要突破了這個振盪區間，我們就默認它打破了平衡。打破平衡之時，速度就會變快，也正是我們進行短線交易的最佳時機。

可見這兩種方法只是展示方式不同罷了。海龜法則包括以下 6 個內容。

(1) 市場：買賣什麼？

(2) 頭寸規模：買賣多少？

(3) 入市：何時買賣？

(4) 停損：何時退出虧損的頭寸？

(5) 離市：何時退出獲利的頭寸？

(6) 策略：如何買賣？

其中 50 天（20 天）和 20 天（10 天）只是策略的一部分內容，海龜法則最核心的內容其實是頭寸規模。**初始頭寸、加倉頭寸、何時加倉、最大持倉，這些才是海龜法則的重點。**

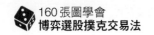

由「錨定心理」
形成的支撐位和壓力位

交易系統共分為兩種：趨勢跟蹤系統和反趨勢系統。想理解這兩種系統的不同，先要理解什麼是支撐、什麼是壓力。

錨定心理是什麼？

支撐和壓力是籠統的概念，在技術分析中沒有明確的定義。一般而言，支撐和壓力是指價格有突破前期高點或跌破前期低點的傾向。因為我們無法確定前期高點與前期低點，所以也就無法給出支撐和壓力的精確定義。突破意味著改變，而人們內心深處其實都是害怕改變的。

雖然沒有精確定義，但一般情況下說支撐位和壓力位的時候，大家還是能夠理解對方指的是什麼。如圖 6-1 所示，就是支撐位和壓力位。

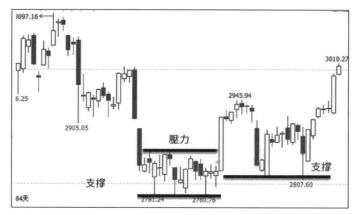

▲ 圖 6-1　一般情況下的壓力位和支撐位

　　這揭示了一個問題，在沒有準確定義的情況下，人們對一件事的理解相差無幾，說明它已經成為一種約定俗成的規定了。那麼這種心理是怎麼發展出來的呢？

　　這是一種錨定心理，為什麼近期的高低點對目前的價位具有更大的作用呢？因為我們喜歡錨定最近的標準。比如，饅頭去年 50 元 4 個，上個月 50 元 2 個。現在變成 50 元 3 個了，你認為饅頭的價格是上漲了還是下跌了？大多數人會覺得饅頭的價格下跌了，因為 50 元 2 個的時候離我們相對較近。

　　再比如，當上證指數達到 2,781 點時止跌，你的心理就會錨定 2,781 點，而後悔為什麼不在 2,781 點買進。等到價格再次下跌到 2,781 點附近或者更低一點時，錨定心理又開始起作用了，你會認為現在已經比之前的價格更低了，現在就是低價，是買入的好時機。再舉一個例子，當我們想調整電腦界面到最舒適狀態時，調整前的狀態，會對我們的判斷影響最大。

　　大家都有錨定心理，所以在 2,781 點附近就會湧現出相當多的買量。而之前錨定心理起作用，並且在交易中受益的人們，會更加堅定這一錨定心理，反過來又會促進這種支撐位現象的形成。

突破錨定形成趨勢

　　也是由於這種錨定心理，價格達到了所謂前期高點壓力位的時候，會有很多人選擇賣出，從而再一次將自我驗證的壓力位進行到底。

　　但支撐位和壓力位是一種非常模糊的定義，在心理作用下，我們可能只會記得它起作用的時候，而忽略了它不起作用的時候。那麼我們對於支撐和壓力有效的印象就會更加深刻。這時，如果你的交易系統是反趨勢系統的話，就可以利用這種價格不會跌破支撐或不會突破壓力的傾向，在支撐位時買進、壓力位時賣出。當支撐或壓力不起作用時，價格就會跌破支撐位或突破壓力位。

　　圖 6-2 所示為壓力位被突破、支撐位被跌破的情形。有意思的是，價格在突破位的時候，都會有一兩天的猶豫，絕大多數情況下，都會在支撐位或壓力位徘徊，這就是我們說的錨定心理起了作用。

　　價格雖然向上突破了壓力位，但也只是高出一點點，這一區域都是反趨

勢交易者眼中的壓力區域。所以在這一位置會湧現大量賣單，價格上漲也就被暫時阻止了。同理，在價格向下跌破支撐位的時候，反趨勢交易者們也會在此處買進，阻止了價格的快速下跌。

▲ 圖 6-2　價格突破壓力位、跌破支撐位

市場裡的多空雙方就像戰場上的兩方，終究有一方會贏，有一方會輸，價格破位時不會存在雙贏的局面。所以反趨勢交易者們會在這個位置仔細觀察，當價格一直朝著某個方向行進時，他們會改變自己的立場，變成趨勢跟蹤交易者。

用這個道理同樣可以解釋，為什麼趨勢會成立。因為趨勢一旦形成，它就脫離了近期所有的高低點，也就失去了錨定心理的點位。

但我們說過，人們內心深處大部分都是害怕改變的，改變意味著不確定，人們討厭不確定，寧願相信錨定心理，所以簡單區域內的高賣低買更符合他們的交易習慣。因此當價格一旦脫離了振盪區間，並形成不可逆轉的趨勢時，大部分人將成為市場中的「炮灰」，被獲利的一方遠遠拋在身後。

現在讓我們回到海龜法則，海龜法則不是反趨勢交易系統，是堅定的趨勢跟蹤交易系統。因為海龜法則認定市場中絕大部分人有錨定心理，而人多的一方發生錯誤的機率通常較高，所以海龜法則拋棄了錨定心理，也就是拋棄所謂的支撐和壓力，

追蹤趨勢就是海龜法則的優勢。

讓我們再回顧一下海龜法則中的交易策略。

長期系統：當價格高於最近 50 個交易日的最高點時，買進建倉；當價格低於最近 20 個交易日的最低點時，賣出平倉。

短期系統：當價格高於最近 20 個交易日的最高點時，買進建倉；當價格低於最近 10 個交易日的最低點時，賣出平倉。

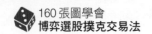

6.3

用 6 個問題，
學到海龜法則的精髓

在丹尼斯培訓新手交易員的那個年代，海龜法則已經人人皆知，且幫助他們成為優秀的交易員。本節將說明海龜法則，它的精髓不在於交易策略，而在於資金管理模式。

市場──買賣些什麼？

選擇什麼市場是海龜法則最先考慮的問題，海龜法則要求選擇交易流動性最大的市場，也可以理解為要選擇交易量最大的市場。

股票市場中每支個股的換手率大都可以達到 5%，流動性不成問題。股指期貨和商品期貨的成交量更是驚人，但商品期貨中仍有一些應儘量避免的品項，比如燃油、線材等。不過如果你只考慮股票的話，那幾乎是沒有任何問題的。

頭寸規模──買賣多少？

海龜法則的計算方法並不是使用固定的手數，而是對每個品項不同的波動性進行衡量。如果某支個股的波動性大，就持有相對較多的部位。相反地，若波動性較小，就少持有一些部位，這樣才能夠平衡風險。

想要計算出每個品項的初始交易數量，就要先計算出這個品項的波動性。一般的看盤軟體中都有這個指標，它的名字叫作 ATR，圖 6-3 的下方即為 ATR 指標。

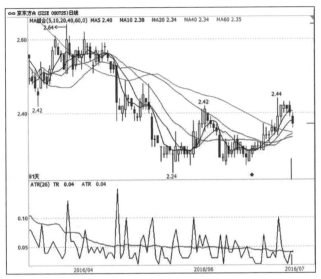

▲ 圖 6-3　ATR 指標

　　它是如何計算的呢？首先我們需要知道 3 個變數──當日最高價、當日最低價和昨日收盤價。然後在當日最高價－當日最低價、當日最高價－昨日收盤價、昨日收盤價－當日最低價這三者中，選取「最大值」，這個最大值就是 TR（真實波動）。

　　然後，再用 19 乘以昨日真實波動均值與當日真實波動的和，再除以 20。其結果就是當日的 20 日真實波動均值。公式如下。

TR ＝ max（High － Low，High － PDC，PDC － Low）

High：當日最高價，Low：當日最低價，PDC：昨日收盤價

ATR ＝（19×PDATR+TR）÷20

PDATR：昨日 ATR 值，TR：真實波動

　　在最後這個公式中，出現了一個循環變數「ATR」，為了求今天的 ATR，你必須得知道前一天的 ATR（PDATR），那麼求 PDATR，必須知道再前一天的 ATR 值，我們唯一需要問的就是：第一個 ATR 是哪來的？

　　從根本上說，第一個 ATR 不存在。那我們就需要找一個數值來替代這個 ATR。為了更接近公式的真實含義，我們用前 19 個交易日的 TR 平均值來替代最初的 ATR，也就是公式中的 PDATR。

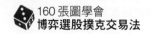

我們舉個例子，表 6-1 為貴州茅台（600519）2001 年 8 月 27 日至 9 月 26 日的基礎數據。2001 年 8 月 27 日至 9 月 21 日共 19 個交易日，求出平均值為 1，即為第一個 ATR 值。9 月 24 日時，根據公式，計算得出當日 ATR 值為 0.97。其後皆為正常計算。

表 6-1　貴州茅台 ATR 計算過程

日期	開盤價（元）	最高價（元）	最低價（元）	收盤價（元）	TR	ATR
2001-8-27	34.51	37.78	35.85	36.55		
2001-8-28	34.99	37	35.61	36.86	2.39	
2001-8-29	36.98	37	35.1	36.38	0.9	
2001-8-30	36.28	37.51	35	37.1	1.51	
2001-8-31	37.15	37.62	35.8	37.01	0.82	
2001-9-3	37.2	37.57	35.85	36.99	0.72	
2001-9-4	37.01	38.08	35.88	37.46	1.2	
2001-9-5	37.61	37.92	35.21	37.44	0.71	
2001-9-6	37.35	37.47	35.51	36.7	0.96	
2001-9-7	36.5	36.95	35.65	36.68	0.3	
2001-9-10	36.4	36.85	35.01	36.7	0.84	
2001-9-11	36.8	36.95	35.2	36.29	0.75	
2001-9-12	36.33	36.2	35.3	36.98	0.99	
2001-9-13	36.01	36.3	35.7	36.89	0.6	
2001-9-14	36.01	36.5	35.8	36.3	0.7	
2001-9-17	36.08	36.29	35.5	36.84	0.8	
2001-9-18	36.88	36.55	35.85	36.25	0.71	
2001-9-19	36.3	36.92	35.06	36.92	0.86	
2001-9-20	36.9	37.05	35.5	36.61	0.55	
2001-9-21	36.28	36.6	35	36.06	0.61	1.00
2001-9-24	36.06	36.39	35	36.05	0.39	0.97
2001-9-25	36.28	36.54	35.05	36.23	0.49	0.94
2001-9-26	36.11	36.48	35	36.08	0.48	0.92

　　在電腦沒有普及的年代，大家肯定會好奇，隔多久計算一次 ATR 值呢？丹尼斯採取的是每週計算一次，然後把計算結果貼在牆上，讓所有人都可以看到 ATR 值。但現在由於電腦的普及，最好每天計算一次 ATR，以確保 ATR 值的精確。或者可以直接使用股市分析軟體中的 ATR 數據，但軟體不同其參數也會不同，最好檢查一下，並將參數調為 20。

　　計算出 ATR 後，對於交易有什麼作用呢？海龜法則規定每一個 ATR 為一個帳戶資金總額的 1%。建倉時，你只能建立 ATR 值為你資金帳戶的 1% 的倉位。簡單來說就是：要建立 x 張倉位，而 x 張的平均真實波動不能超過你總資金的 1%。

　　以貴州茅台來計算的話，它的 ATR 值為 0.92，此時你手中有 1 萬元資金，假設 36 元時滿足了買進的條件，此時你要買進，應該買進多少呢？假設買進 x 張。那麼 x 張的 ATR 值不能超過總資金 1 萬元的 1%，也就是 100 元。

　　設買進 x 張，具體的解法如下：

$x \times 0.92 \leq 10000 \times 1\%$

$x \leq 108.70$（近似值）

　　由於我們的最小交易量是 100 股，所以取整數，x=100 股 =1 張。在平均真實波動幅度內，也就是一天的平均真實波動內，它會以多大幅度影響你的資金呢？ $100 \times 0.92 = 92$（元）。貴州茅台一天的平均真實波動只有 92 元，佔總資金 1 萬元的 0.92%。

　　經過精確計算來控制建倉規模有什麼好處呢？海龜法則的建倉方法並不是憑著你的好惡、靈機一動或拍腦袋來管理資金的，它將總資金切割成 100 個小塊，每 1 個小塊佔 1%，而這 1% 對應的是近 20 天市場的平均振盪幅度。按最壞的打算，市場波動幅度保持不變，每天下跌 1%，你也需要 100 天才能把總資金全部虧完。

　　海龜法則的停損不是關鍵價位的停損，因為它拋棄了錨定心理，在海龜法則中，沒有前期高點、前期低點、支撐、壓力。它只是順應趨勢並不預測趨勢，所以你無法在海龜法則中找到關鍵價位的突破等內容，於是它只能用資金的虧損幅度來停損。

　　在海龜法則的設定中，如果你虧損了 2 個 ATR，也就是虧損了總資金的 2%，就要即刻停損，然後再等待其他機會。每次只虧損 2%，你也需要

50 次才會全部虧完。在海龜法則的交易記錄中，最長一次是連續虧損 17 次後才開始獲利。

因為海龜是趨勢追蹤型系統，所以它的一次獲利，足以把之前17次所有的虧損全部賺回來，甚至還有多出的利潤。

入市──何時買賣？

海龜法則有兩套系統，一長一短，可以同時使用。

長期系統：當價格高於最近 50 個交易日的最高點時，買進建倉；當價格低於最近 50 個交易日的最低點時，賣出建倉。

短期系統：當價格高於最近 20 個交易日的最高點時，買進建倉；當價格低於最近 20 個交易日的最低點時，賣出建倉。

如果我們不考慮期貨、不考慮股票融券，那就只把重點放在做多上即可。如果有做空機制，做多與做空只不過是反過來的。並且長期系統和短期系統也沒有太大的區別，長期系統的交易次數較少，可以忍耐較大幅度的回檔波動；短期系統的交易次數較多，它的在市時間比長期系統短。長期系統和短期系統的選擇，完全可以根據自己的交易習慣來決定。

當價格向上突破時，海龜開始建倉，也是第一次建倉。建倉的數量按照我們上一節講的方法來計算，經由計算得出的初次建倉數量，海龜將它設定為 1 個單位。如果我們經由計算得出的初次建倉數量為 12 張，那麼 12 張就是 1 個單位，後續的加倉也是用此來計算。

海龜法則規定，一個品項最多持倉 4 個單位。如果一個單位是 12 張的話，經過加倉，最多持倉 48 張。

那如何加倉呢？如果初次建倉後想要做多，只要價格上漲超過 1/2 個 ATR 時，便加 1 單位；再上漲 1/2 時，再加 1 單位。符合條件就可以加倉，直至加滿至 4 個單位，之後便不再加倉。舉個例子來說，貴州茅台在 2016 年 2 月 23 日，向上突破了前 20 個交易日的最高點 201.33 元。理論上來說，我們應該在 201.34 元買進，數量為 1 個單位。

由於 2 月 23 日貴州茅台是在盤中向上突破的，那麼 2 月 23 日的 ATR 是沒有確定下來的，所以我們在一系列交易活動中所需要的 ATR 數據，都

由 2 月 22 日的數值來提供，2 月 22 日的 ATR（20）值為 4.69。

首先，我們在 201.34 元買進後，需要立即設置停損位，這也是你用任何系統、任何交易方法都必須要做的第一件事。還記得那句話嗎？「不下牌桌，你永遠有機會。」

海龜法則規定停損幅度為建倉位反向 2 倍的 ATR。我們買入時參考的突破價格是 201.34 元，2 倍的 ATR 值為 9.38（2×4.69）。那麼停損位為 191.95 元（201.34 － 9.38）。

加倉時，海龜法則規定價格每上漲 1/2 倍 ATR，即可加倉，此處價格每上漲 2.345 元時即可加倉。

初始建倉位：201.34 元

第一次加倉位：201.34 ＋ 2.3452 ≈ 203.69（元）

第二次加倉位：201.34 ＋ 2×2.345 ＝ 206.03（元）

第三次加倉位：201.34 ＋ 3×2.345 ≈ 208.38（元）

實際上，在 2016 年 2 月 23 日當天，最高價漲為 214.98 元，當天即可將倉位加滿至 4 個單位。可是這裡面有一個問題，如果嚴格按照規定的話，你的總資本可能不夠。

鑑於此時的貴州茅台的股票價格已超過 200 元，我們假設你的初始資金為 200 萬元。建倉時參考的 ATR 值為 4.69，根據海龜法則的頭寸規模計算，1 個單位應該交易多少股呢？

x×4.69 ≤ 2000000×1%

x ≤ 4264.39（近似值）

取整後為 4200 股，42 張為一個單位，那建倉一個單位需要多少錢呢？845,628 元（4200×201.34），加滿 4 個單位共需約 338.25 萬元，比你的本金多出 138.25 萬元。這又怎麼解釋呢？難道是海龜法則計算錯了？

沒錯，海龜法則最初適用的是保證金交易市場，如期貨、外匯市場。保證金市場中，只需要交付全部交易金額的一部分即可，如 8%。若按這個比例計算，我們買入 4,200 股貴州茅台只需 67,650.24 元（4200×201.34×8%），加滿 4 個單位，16,800 股也只需要約 27.06 萬元，約佔總資金的 13.53% 而已。但股票市場如果不考慮融資的話，需要的是全額交易，所以有時候加滿 4 個單位，就會超過初始資金。

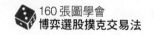
這樣的矛盾怎麼解決呢？只有 3 種方法，以下以貴州茅台價格為例進行計算。

⑴ 如果要加滿 4 個倉位，那必須得準備 338.25 萬元，那麼貴州茅台的 ATR 值就會遠遠小於 1%。其實，ATR 值佔總資金比例越小，你的資金越安全，只是這種方法不能最大效率地使用資金。

⑵ 能加多少是多少，加不滿 4 個單位，就加 3 個單位。加不滿 3 個單位，就加 2 個單位，使加倉金額在資金承受範圍內即可。但這種方法不能完全發揮出海龜法則的加倉優勢，如果發生停損了，會比加滿倉的人要少虧很多，但如果大趨勢來了，獲利的部分也會相應減少。

⑶ 只尋找股價與 ATR 值比較合理的股票進行交易。ATR 值越小，理論上 1 單位的交易數量就會增多。同時，股價越高，在總資金範圍內交易的數量就越少。所以標準的股票最好是 ATR 值略大，股價略低。價格較低且 ATR 值較大的股票，基本可以加滿倉。

那股價與 ATR 值處於什麼範圍內，才可以在有限的資金內滿倉呢，我們來計算一下。

首先，計算理論上 1 單位的頭寸規模是多少股，（總資金 ×1%）÷ATR 的結果便是 1 單位的頭寸規模。若加滿 4 個單位呢？再乘 4，即 4×（總資金 ×1%）÷ATR。

然後計算理論上總資金最多能買多少股：總資產 ÷ 股價。總買入量要小於等於理論上的最大買入量，得到的不等式為 4×（總資金 ×1%）÷ATR ≤ 總資產 ÷ 股價，即股價 ÷ATR ≤25。

若股價為 25 元，ATR 值要大於或等於 1。若股價為 5 元，ATR 值要大於或等於 0.2，我們可以反推一下，來檢驗計算的結果是否正確。

假設有現金 1 萬元，某股票的價格為 5 元，ATR 值為 0.3，符合買入條件。那麼初次買入量為（10,000×1%）÷0.30.333 股，取整為 300 股，佔用資金 1,500 元。

第一次加倉價格為 5.15（5 ＋ 1/2×0.3）元，數量 300 股，佔用資金 1,545 元。第二次加倉價格為 5.30（5 ＋ 2×1/2×0.3）元，數量 300 股，佔用資金 1,590 元。第三次加倉價格為 5.45（5 ＋ 3×1/2×0.3）元，數量 300 股，佔用資金 1,635 元。

　　加滿 4 個單位共 1,200 股，即 12 手，共佔用資金 6,270 元，未超過 1 萬元，符合條件。

　　按照海龜法則，只要你關注這個市場和價格較低且 ATR 值較大的個股，就永遠不會錯過大漲的行情，這樣的股票也是中小散戶們的最愛。市場上有許多價格較低且 ATR 值較大的股票，如下所示。

　　豫光金鉛（600531）2016 年 7 月 24 日的股價為 10.8 元，ATR 值為 0.71，股價與 ATR 的比值約為 15.21，符合條件。中國軟體（600536）2016 年 7 月 24 日的股價為 30.06 元，ATR 值為 1.45，股價與 ATR 的比值約為 20.73，符合條件。國發股份（600538）2016 年 7 月 24 日的股價為 13 元，ATR 值為 0.61，股價與 ATR 的比值約為 21.31，符合條件。

　　如果按照海龜法則進行交易，一旦建倉，就要保持建倉的連續性。海龜法則是趨勢追蹤型系統，市場有一大半時間都處於寬幅振盪或無趨勢狀態。海龜法則給出訊號時，趨勢可能會來，也可能不會來，但不能主觀臆測。若你預測這一次可能要停損，極有可能這一次就形成趨勢了，而形成一次趨勢是十分困難的事情。若是錯過，就要經歷多次的試錯，才能等到下一次趨勢的出現。

　　一年或幾年中的獲利，幾乎都來自一兩次的交易，還記得我們說的短線的特點嗎？速率最高，什麼地方速率最高──趨勢！海龜法則的特點就是追蹤趨勢。

停損──何時退出虧損的頭寸？

　　這裡再詳細說一下停損的問題。如果停損的幅度過大，或者根本沒有停損，可能幾次就會讓你虧得精光。但如果停損幅度過小，即使是出現了大趨勢，再緩慢持重的趨勢也存在著回檔，會讓你在最初的振盪中過早地退出市場。

　　停損幅度是根據自身情況而定的，你必須要瞭解在一筆交易中最大能承擔多少損失。只有「自知」，才能制定合理的交易策略。

　　如果只求每年 20% 的獲利，那就不必重倉，也不必頻繁交易。那麼如果你有 10 萬元，保持每年 20% 的獲利，5 年後你就大約會有 24.88 萬元，8

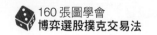

年後你就大約會有 43 萬元，10 年後你就大約會有 61.92 萬元。

或者我們每年投入 1 萬元，連續投入 19 年，每年保持 20% 的獲利，18 年後你就大約會有 154.74 萬元。可見只要保持住獲利的連續性，不論多小的收益率，都會有足夠多的回報。那麼回到我們的正題來，追求連續性獲利，你就必須保住本金，為了保住本金你就必須停損。

資金小的帳戶更容易被迫退出交易，因為抗波動的能力太差。如果一個 1 萬元的帳戶去做期貨交易，豆粕 1701 合約的 ATR 值為 125，1 個點位 10 元，那豆粕 1701 合約的平均真實波動幅度為 1,250。當天虧損一次，就會喪失總資金的 10% 以上，連續七八次損失後，基本上就喪失了交易能力。

如果是一個 10 萬元的帳戶，按 2 倍 ATR 值來停損，就是 2,500 元，佔總資金的 2.5%，對於資深交易員來說，也是極大的損失了。

這裡需要說一下沉沒成本，沉沒成本是指以往發生的，而與現在或將來的任何決策無關的成本。人們在決定是否去做一件事的時候，不僅要看這件事對自己有沒有好處，也會看過去是不是已經在這件事情上有投入。我們把這些已經發生且不可收回的支出，如時間、金錢、精力等稱為沉沒成本。

更白話一點地說就是，你只看到了之前花掉的錢，而看不到未來將要花掉的錢。比如父母都希望孩子把飯菜吃得乾乾淨淨，不要有剩飯，哪怕已經吃撐了，也要再多吃一口。如果有剩飯，就會下一頓熱一熱再吃，總之不能浪費。

這就是只看到之前花出去的錢，飯菜剩了可惜，扔了更可惜。買菜花的錢，就是之前做出的決策，是已經花出去的錢了，吃得了吃不了，已經不能改變錢已經花出去了這一事實，這就是沉沒成本。

但如果我們已經吃撐了，再硬多吃幾口，可能會感到不舒服，而且會對腸胃造成輕微的影響，即使當時並不覺得，但之後可能會積累成更大的危害。如果剩菜放太久變質了，還會有生病的風險。

這些壞的影響和所冒的風險，就是未來可能花掉的錢，這些和剩下幾口飯菜的沉沒成本相比，沉沒成本幾乎可以忽略不計。可是有些人就看不到這些潛在的、將花掉的錢，只看得見沉沒成本。

同樣的道理放到交易中來，這些人也會認為只要不平倉，這錢就不是真的虧了，如果真的平了，那才真的是虧損。因為你不想停損，也就是說你太

過在意之前所產生的沉沒成本。如果價格再反向運行，你將越虧越多，也就是你會虧掉更多未來將要花掉的錢。

已經花掉的錢是錢，未來可能花掉的錢就不是錢嗎？想轉過這個彎並不容易，因為這還涉及心理層面的影響。停損意味著承認自己錯了，人們可能會為一件小事去道歉，但很少有人會以否定自己來道歉。

沒做過交易的人無法體會到在幾秒鐘、幾分鐘內、幾個小時之內，承認自己的智力和能力不夠高、不夠強有多難，因為這是純粹的否定自己，沒有多少人能做到。但能面對事實、面對自己、坦誠地承認自己智力或能力不夠的人，一定能做成大事。因為他們知道，只有真正接受否定後的自己、接受了錯誤的事實，才能重新啟程，獲得進步。

一貫進行理性交易的人都知道，系統內、計畫內的虧損是遊戲的一部分。你的交易系統的勝率不可能達到100%，總會出現偽訊號，總會有不適應當前市場規律的時候，有限的虧損只不過是試錯而已。試錯是成本，而不是虧損。只有不斷地試錯，最終才會獲得更大的成功。

海龜法則中關於停損的規定，是停損幅度為反向 2 倍的 ATR。並且隨著最後一次加倉，以最後一次加倉為標準，所有倉位停損價同時上移至最後一次加倉時的停損價。我們還是拿貴州茅台作例子，如表 6-2 至表 6-5 所示。

表 6-2　第一次建倉時停損價

交易	入市價格（元）	停損價格（元）	虧損
第一次建倉	201.34	191.95（201.34－2×4.69）	2×ATR
虧損統計	2×ATR		

表 6-3　第二次建倉時停損價

交易	入市價格（元）	停損價格（元）	虧損
第一次建倉	201.34	與最後一次建倉停損價相同 194.31	1.5×ATR
第二次建倉	203.69	194.31（203.69 －2×4.69）	2×ATR
虧損統計	3.5×ATR		

表 6-4　第三次建倉時停損價

交易	入市價格（元）	停損價格（元）	虧損
第一次建倉	201.34	與最後一次建倉停損價相同 196.64	1×ATR
第二次建倉	203.69	與最後一次建倉停損價相同 196.64	1.5×ATR
第三次建倉	206.03	196.65（206.03－2×194.3）	2×ATR
虧損統計	4.5×ATR		

表 6-5　第四次建倉時停損價

交易	入市價格（元）	停損價格（元）	虧損
第一次建倉	201.34	與最後一次建倉停損價相同 198.99	0.5×ATR
第二次建倉	203.69	與最後一次建倉停損價相同 198.99	1×ATR
第三次建倉	206.03	與最後一次建倉停損價相同 198.99	1.5×ATR
第四次建倉	208.38	198.99（208.38－2×4.69）	2×ATR
虧損統計	5×ATR		

　　這種停損方法，每一筆交易都承受 2 倍的 ATR，也就是總資金 2% 的虧損幅度。但隨著價格的不斷上漲，停損位的不斷提高，停損位與最先建倉的價位越來越近，直至最後一次建倉，最初的一筆交易只承受 0.5 倍的 ATR。總持倉也只承受 5 倍的 ATR，那麼就是每一單位只承受 1.25 倍 ATR 的虧損。

　　建倉到最後，每單位承受的虧損會越來越小。第一次建倉，每單位持倉承受 2 倍的 ATR。第二次建倉，每單位持倉承受 1.75 倍的 ATR。第三次建倉，每單位持倉承受 1.5 倍的 ATR。最後一次建倉每單位持倉承受 1.25 倍的 ATR。

　　雖然加倉到最後一次時，平均持倉所承受的虧損只佔總資金的 1.25%，但整體還是有 5% 的虧損幅度。那麼，如果真的要停損的話，最初的一筆交易便停損罷了。相對於這種停損方法，還有另外的兩種停損方法，一種更激進，另一種更加保守。更加激進的停損方法是，最初的建倉停損位並不隨著加倉而上移，而是保持最初的停損幅度不變，如表 6-6 所示。

表 6-6　激進型停損

交易	入市價格（元）	停損價格（元）	虧損
第一次建倉	201.34	191.96（201.34－2×4.69）	2×ATR
第二次建倉	203.69	194.31（203.69－2×4.69）	2×ATR
第三次建倉	206.03	196.65（206.03－2×4.69）	2×ATR
第四次建倉	208.38	198.99（208.38－2×4.69）	2×ATR
虧損統計	8×ATR		

　　這麼做的好處是，如果存在趨勢，但趨勢中不斷出現比較大的回檔，越是靠後的持倉越先停損，越是靠前的持倉越安全。等到回檔結束後，最初的持倉還可以繼續保持在趨勢內。這樣停損的幅度會擴大，全部滿倉後，再全部停損，會損失全部資金的 8%。

　　更加保守的停損方法是不論加倉到第幾次，總是保持停損幅度為總資金的 2%，也就是不論如何，最多虧損 2 倍的 ATR，如表 6-7 至表 6-10 所示。

表 6-7　第一次建倉時停損價

交易	入市價格（元）	停損價格（元）	虧損
第一次建倉	201.34	191.96（201.34－2×4.69）	2×ATR
虧損統計	2×ATR		

表 6-8　第二次建倉時停損價

交易	入市價格（元）	停損價格（元）	虧損
第一次建倉	201.34	與最後一次建倉停損價相同 197.83	0.75×ATR
第二次建倉	203.69	197.83	1.25×ATR
虧損統計	2×ATR		

表 6-9　第三次建倉時停損價

交易	入市價格（元）	停損價格（元）	虧損
第一次建倉	201.34	與最後一次建倉停損價相同 194.4	0.17×ATR
第二次建倉	203.69	與最後一次建倉停損價相同 194.4	0.67×ATR
第三次建倉	206.03	194.4	1.16×ATR
虧損統計	2×ATR		

表 6-10　第四次建倉時停損價

交易	入市價格（元）	停損價格（元）	虧損
第一次建倉	201.34	與最後一次建倉停損價相同 202.52	-0.25×ATR
第二次建倉	203.69	與最後一次建倉停損價相同 202.52	0.25×ATR
第三次建倉	206.03	與最後一次建倉停損價相同 202.52	0.75×ATR
第四次建倉	208.38	202.52	1.25×ATR
虧損統計	2×ATR		

　　這種保守型的停損方法，不論加倉多少次，停損總幅度皆為總資金的 2%，但是只適用於特別溫和的單邊趨勢，趨勢略有波動，我們都可能被迫離場。從這個角度來說，你能承擔多大的風險，就可能獲得多大的收益。

　　關於這 3 種方法，我在後面會用實盤測試的數據，來比較它們的實際表現。由於海龜法則使用 ATR 值來計算停損幅度，而 ATR 的真正含義就是平均市場的真實波動幅度，所以海龜法則更能適應市場的波動性。如果 ATR 的值很大，說明停損的絕對金額會很高，但我們每單位的建倉價位也是根據 ATR 的值來計算的，所以 ATR 值越大，所建倉位就越少。

　　整體來說，不論 ATR 值是大是小，都可以經由倉位進行控制，停損總幅度能用 3 種停損方法計算出來，一般方法的最大停損為總資金的 5%（5×ATR），最激進方法的最大停損為總資金的 8%（8×ATR），最保守方法的最大停損為總資金的 2%（2×ATR）。

離市──何時退出獲利的頭寸？

長期系統：當價格向下跌破最近 20 日的最低價，賣出平倉；當價格向上突破最近 20 日的最高價，買進平倉。

短期系統：當價格向下跌突破最近 10 日的最低價，賣出平倉；當價格向上突破最近 10 日的最高價，買進平倉。

海龜法則中最重要的問題是資金管理，其次就是停利和停損了。停損有一整套的詳細規定，計算起來比較麻煩。停利比較簡單，只要價格符合條件，不論你持倉多少單位，都要全部一次出完。

但停利看似簡單，其實很難。在行為心理學中，把這個問題叫作「處置效應」。如果你同時持有兩檔股票，你會更傾向於賣出已經賺錢的股票，而繼續持有賠的股票。

從這一點可以推導出：當獲利時，你厭惡風險，總想著把錢握在自己手裡，一旦平倉後這錢就是你自己的了，風險只會讓你損失掉這些「已經是你的」錢；當你處於虧損的時候，你喜歡風險，只有風險和不確定性，才有機會讓你虧損的錢重新再回到你身邊。

一旦獲利時，我們考慮的層面已經不再是市場本身了，而是與自己心理狀態的鬥爭。在海龜法則中，離場條件是價格下跌至最近 20 天（10 天）的最低點，這極有可能將此次交易全部利潤的 20% 甚至 50% 吐回，有的還會將利潤全部吐回甚至虧損，一般人無法承受這種得而復失的痛苦。

這就會產生另一種行為心理學定義的效應──結果偏好。結果偏好是指人們更傾向於根據一個決策的最終結果，而不是決策本身的品質來判斷這個決策的好壞。例如使用幾次海龜法則交易後，若沒有得到好的結果，你忍不住會想，海龜法則可能已經沒有作用了。你下這個結論的依據，是最近幾次的交易結果，而不是海龜法則自身的優劣。

但非常有可能在連續幾次虧損後，就是一次大獲利。如果你根據結果偏好對海龜法則進行判斷，在幾次虧損後，你就會全盤否定它，或者在一次大獲利後全盤肯定它。這樣的判斷方法非常極端，結果就是你會盲目地拋棄它，或者盲目地追隨它，這些是不可取的。

所以使用海龜法則停利時，你一定要按照海龜法則交易系統進行操作。

策略——如何買賣？

　　海龜法則的交易策略相對來說非常簡單，並且這種策略在當時基本上是公開的了，它被稱作「唐奇安策略」。只不過海龜法則的精髓是資金管理，是根據 ATR 值計算每次建倉的頭寸規模、計算停損位、計算加倉位，也就是以 ATR 為基礎的資金管理。

　　交易策略不再贅述。這裡只說一些最初始海龜法則時的交易細節。當價格滿足交易條件時，海龜法則的入市方法，通常不是以市價直接搶進去，而是掛入限價交易單。

　　這種規定有兩點理由可以解釋：第一，在最初的海龜培訓班中，一位名叫費思的拿到了 2 百萬美元，其餘幾個人拿到了 1 百萬美元，當然還有一些成績不好的人還用小帳戶進行交易。只算拿到錢的這幾位，大約也有 1 千萬美元了。在當時的市場中，如果以市價跟進，至少能瞬間推高幾個價位，會使他們的成本抬高。可能下一個 1/2 倍 ATR 加倉位，就是他們自己推上去的，大資金如此交易確實很危險。

　　第二，海龜法則是以突破前 N 天的最高價、最低價為建倉條件的，我們在談到海龜法則的優勢時，說過人們的錨定心理。價格處於關鍵點位時，由於錨定心理，價格會在關鍵點位振盪幾天，所以大筆訂單的限價交易很有機會全部成交。

　　但是限價交易在快速市場中可能會買不到，價格會快速穿過符合條件的突破位，此時千萬不要驚慌，先觀察看看再說。上漲快速市場中，由於買方以閃電般的速度快速吞掉賣單，賣方一是來不及放入新的賣單，二是要重新判斷形勢。所以此時賣方流動性降低，造成買單與賣單的價格相差很大。如果此時你驚慌失措地以市價搶進，就會在極高位買入建倉。對於大資金來說，本身就存在著再次向上推高價位的效應，這無異於雪上加霜。

　　快速市過後，新進場的賣家會使價格止漲，通常會在原上漲幅度中將漲幅壓回一半。總之在快速市場情況下，不要急於下單，等價格趨於平穩後，再判斷形勢，進行下單操作。趨勢很少降臨，有時要等幾個月甚至更長。但一旦趨勢啟動，以海龜法則的加倉方法，可能在一天之內就能加滿 4 個單位，就像之前貴州茅台的例子一樣。

股市還有一個特點，同漲同跌。熊市牛股和牛市熊股雖然存在，但畢竟是少數。如果你一直盯著某一板塊，在這一板塊中的幾支個股都給出了買入訊號該怎麼辦？或者你在做期貨交易，5 月合約和 9 月合約都給出訊號，或者 5 月焦煤和 5 月焦炭同時給出訊號，又該怎麼辦？

海龜法則對此的規定為：買強賣弱。選擇漲勢最強、流動性最大的個股或期貨合約進行交易。流動性可以用換手率和成交量來衡量，但如何衡量漲勢最強或是跌勢最強呢？這就需要你平時多做些功課了。

例如，鐵礦 5 月和鐵礦 9 月的差價是 -30 元（9 月價格減 5 月價格），當它們同時給出買入訊號時，差價變成了 -43 元，顯然是 5 月鐵礦的漲幅大於 9 月鐵礦的漲幅，此時按照海龜法則的規定，應集中在 5 月進行交易，而不是在 5 月和 9 月兩個合約中平均買進。

例如，同一板塊的股票 ABC 和股票 XYZ，它們之間的比價是 1.5（ABC 的價格 ÷XYZ 的價格），當它們同時給出買進訊號時，比價變成了 1.1，顯然，股票 XYZ 在這段時間更加強勢，所以要集中買進股票 XYZ，而不是在股票 ABC 和股票 XYZ 中平均買進。

股票交易中不存在到期換月的情況，但期貨交易中存在。例如鐵礦 1605 合約的交易月在 2016 年 5 月，那麼進入 2016 年 4 月的時候，就會逐漸提高保證金直至全額。不巧的是，在 2016 年 3 月 31 日還持有鐵礦 1605 合約怎麼辦？要繼續進入 4 月交易嗎？

不，最好是在提高保證金之前退出合約，不論它是否達到停損的條件或是停利的條件。因為提高保證金，意味著大部分人都要轉換到其他月份去交易，真正進行現貨交易的人少之又少，那麼此時這個合約的流動性就會降低，我們不在流動性低的標的中進行交易，這也是海龜法則的規定之一。

那要不要順勢換到鐵礦 1609 合約中去呢？如果鐵礦 1609 合約符合海龜法則中的條件，那它與鐵礦 1605 合約情況相同，可以換月交易。如果不符合，則放棄。如果你沒有從頭使用海龜法則，而是在行情進行中使用。那麼很有可能處於海龜法則中已經建倉的區間內，這時就不能隨便交易了。

要找到之前那一筆按海龜法則進行的交易的源頭，看看是否有訊號產生，如果有訊號產生，是否已經平倉並完結了這筆交易。如果沒有平倉，就要等下一輪，等待平倉後再次給出交易訊號，再開始交易。

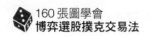

用 2 個指數，
回測海龜法則的可行性

　　我對上證指數進行了海龜法則的回測，先看看指數是否可行，再根據指數交易個股。對商品期貨有興趣的讀者，可以看後面附加的螺紋鋼指數的海龜法則評測數據。

上證指數日線系統評測

表 6-11　1991 年～ 2016 年上證指數日線數據

時間：1991 年 1 月 2 日～ 2016 年 7 月 26 日	
樣本：上證指數日線	
利潤總額（點）	27,400.03
總交易次數（次）	64
平均每筆交易回報（點）	428.13
最大獲利（點）	4,126.83
最大虧損（點）	456.01
毛利潤（點）	32,808.46
毛虧損（點）	5,408.45
盈虧比	6.066 1
獲利交易筆數（筆）	22
虧損交易筆數（筆）	42
獲利交易百分比（%）	34.375
平均毛利潤（點）	1,491.29
平均毛虧損（點）	128.77
最大連續虧損筆數（筆）	8
最大連續虧損數額（點）	792.3

　　圖 6-4 為海龜法則交易系統的獲利折線圖，我是用指數進行回測的，指數不能直接用於交易，但它可以用來指導股指期貨的交易。股指期貨交易的槓桿太高，我並不建議大家都去交易股指期貨，所以最好還是看指數交易個股。

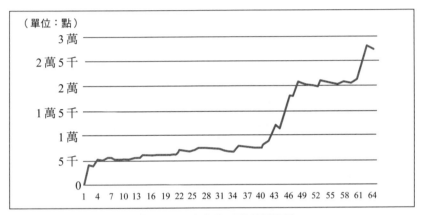

▲ 圖 6-4　海龜法則獲利折線圖

　　上證指數給出了買入訊號，或者說，給出了上漲訊號，那麼就買入與指數最相關的個股。例如，買入佔上證指數權重最大的 5 檔股票，再買入對指數上漲貢獻最大的 5 檔股票，如果這 10 檔股票中有重疊的個股，那就要在我們的投資組合中加大重疊個股的買入量。

　　海龜法則給出的買入訊號，有時不可能在一週內就結束，我們可以每週找出最頂端的 10 檔股票，然後換倉。

　　圖 6-4 的資金曲線圖非常符合海龜法則的特點，只要有趨勢，我們就一定能抓住，沒有趨勢的時候虧損也較小。這次回測，是預設每單位持倉數量按最小數量來計算，如果隨著資金的增長擴大倉量，那麼獲利還會更多。約 25.5 年的時間，僅有 64 筆交易，平均每年約有 2.5098 筆交易。大約每 4.7813 個月有 1 筆交易，非常省心。

　　海龜法則具備追蹤趨勢的特徵，所以最好將 RangeBreak 系統與海龜法則同時使用，長短皆宜。25.5 年獲利約 2.74 萬點，平均每年約 1,075 點，1,075 點如果換算成相應的個股利潤，也是非常可觀的。

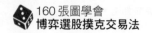

螺紋鋼指數日線系統評測

將海龜法則應用在商品期貨中時，考慮到商品期貨的節奏比股票快一些，所以推薦使用短期交易系統（20/10）。表 6-12 為螺紋鋼指數的回測數據，由於海龜法則沒有任何擬合參數，所以回測數據可看作真實交易數據，回測起始資金設為 6 萬元。圖 6-5 為資金增加百分比，利用海龜法則，可以在 7 年間賺 40 倍，年平均回報率為 69.67%。

表 6-12　螺紋鋼海龜法則回測數據

日期	方向	數量	建倉（點）	加倉1（點）	加倉2（點）	加倉3（點）	平倉（點）	盈虧（點）	餘額（點）
	多	1	3,651						
2009-6-4	多	1		3,677					
	多	1			3,704				
2009-6-5	多	1				3,731			
2009-6-30	平	4					3,827	5,450	65,450
2009-7-15	多	4	3,938	3,955	3,973	3,990			
2009-8-17	平	4					4,452	19,520	84,970
2009-8-31	空	1	4,140						
2009-9-1	空	1		4,071					
2009-9-7	空	2			4,003	3,934			
2009-10-19	平	4					3,852	7,400	92,370
2009-10-27	多	1	3,997						
2009-10-28	平	1					3,883	−1,140	91,230
2009-11-6	多	1	4,005						
2009-11-9	多	1		4,041					
2009-11-10	多	1			4,077				
2009-11-19	多	1				4,113			
2010-1-13	平	4					4,374	12,600	103,830
2010-1-22	空	2	4,333	4,299					
2010-2-2	空	2			4,266	4,233			
2010-2-22	平	4					4,390	−4,290	99,540

日期	方向	數量	建倉（點）	加倉 1（點）	加倉 2（點）	加倉 3（點）	平倉（點）	盈虧（點）	餘額（點）
2010-2-22	多	1	4,430						
2010-2-22	平	1					4,312	−1,180	98,360
2010-3-9	多	1	4,438						
2010-3-10	多	1		4,470					
2010-3-11	多	1			4,502				
2010-3-16	多	1				4,534			
2010-4-22	平	4					4,720	9,360	107,720
2010-4-27	空	8	4,680	4,660	4,611	4,611			
2010-7-19	平	8					4,035	48,440	156,160
2010-7-21	多	12	4,130	4,152	4,175	4,198			
2010-8-23	平	12					4,274	13,230	169,390
2010-9-2	多	3	4 379						
2010-9-6	多	9		4,471	4,471	4,471			
2010-9-9	平	12					4,356	−11,040	158,350
2010-9-30	空	2	4,247						
2010-10-11	平	2					4,388	−2,820	155,530
2010-10-27	多	8	4,485	4,517	4,548	4,579			
2010-11-17	平	8					4,509	−1,860	153,670
2010-12-13	多	6	4,856	877					
2011-1-10	多	3			4,877				
2011-1-12	多	3				4,897			
2011-2-21	平	12					4,966	10,710	164,380
2011-2-23	空	3	4,929						
2011-2-24	空	3		4,903					
2011-2-25	空	3			4,876				
2011-3-1	空	3				4,849			
2011-4-6	平	12					4,833	6,750	171,130
2011-4-6	多	6	4,847	4,880	4,913				
2011-4-19	平	6					4,780	−6,000	165,130
2011-6-3	多	4	4,936	4,962					
2011-6-6	平	4					4,851	−3,920	161,210
2011-6-16	空	4	4,775						

日期	方向	數量	建倉（點）	加倉1（點）	加倉2（點）	加倉3（點）	平倉（點）	盈虧（點）	餘額（點）
2011-6-17	空	12		4,758	4,742	4,725			
2011-7-4	平	16					4,755	−800	160,410
2011-7-11	多	8	4,841	4,860					
2011-7-13	多	4			4,879				
2011-7-18	多	4				4,897			
2011-8-5	平	16					4,869	−40	160,370
2011-8-9	空	16	4,770	4,770	4,770	4,764			
2011-8-10	平	16					4,836	−10,800	149,570
2011-9-13	空	4	4,780						
2011-9-14	空	4		4,764					
2011-9-15	空	4			4,748				
2011-9-16	空	4				4,732			
2011-11-9	平	16					4,169	93,920	243,490
2011-12-1	多	3	4,237						
2011-12-15	平	3					4,112	−3,750	239,740
2012-1-17	多	28	4,247	4,264	4,281	4,297			
2012-2-13	平	28					4,260	−3,430	236,310
2012-3-9	多	6	4,315						
2012-3-12	多	6		4,333					
2012-3-21	多	6			4,351				
2012-4-5	平	18					4,310	−4,140	232,170
2012-4-6	多	16	4,366	4,380					
2012-4-12	多	8			4,394				
2012-4-16	平	24					4,338	−10,080	222,090
2012-4-23	空	14	4,291	4,277					
2012-4-24	空	7			4,263				
2012-6-2	空	7				4,249			
2012-6-7	平	28					4,118	42,560	264,650
2012-6-20	多	7	4,138						
2012-7-27	平	7					4,062	−5,320	259,330
2012-7-2	空	32	4,017	4,001	3,986	3,970			
2012-9-14	平	32					3,529	148,640	407,970

日期	方向	數量	建倉（點）	加倉 1（點）	加倉 2（點）	加倉 3（點）	平倉（點）	盈虧（點）	餘額（點）
2012-9-19	多	5	3,622						
2012-9-21	平	5					3,476	−7,300	400,670
2012-10-8	多	4	3,644						
2012-10-9	多	4		3,685					
2012-11-19	平	8					3,602	−5,000	395,670
2012-11-19	空	18	3,590	3,569					
2012-11-22	空	9			3,548				
2012-11-29	空	9				3,526			
2012-12-5	平	36					3,591	−11,790	383,880
2012-12-10	多	36	3,687	3,708	3,729	3,750			
2013-2-21	平	36					4,107	139,860	523,740
2013-2-26	空	8	3,946						
2013-3-4	空	16		3,917	3,888				
2013-3-13	空	8			3,859				
2013-3-26	平	32					3,926	−7,520	516,220
2013-4-1	空	7	3,739						
2013-4-2	空	7		3,706					
2013-4-8	平	14					3,842	−16,730	499,490
2013-4-16	空	28	3,704	3,671	3,620	3,604			
2013-6-13	平	28					3,683	−9,310	490,180
2013-6-16	空	6	3,529						
2013-6-28	空	6		3,492					
2013-6-29	空	6			3,455				
2013-6-31	空	6				3,418			
2013-6-17	平	24					3,504	−7,320	482,860
2013-7-3	多	32	3,359	3,586	3,614	3,642			
2013-7-29	平	32					3,632	26,160	509,020
2013-8-7	多	32	3,688	3,703					
2013-8-8	多	32			3,718	3,733			
2013-8-29	平	64					3,751	25,920	534,940
2013-9-6	空	13	3,709						
2013-9-13	空	26		3,689	3,669				

日期	方向	數量	建倉（點）	加倉1（點）	加倉2（點）	加倉3（點）	平倉（點）	盈虧（點）	餘額（點）
2013-9-16	空	13				3,649			
2013-11-1	平	52					3,612	34,840	569,780
2013-11-7	多	18	3,655						
2013-11-15	平	18					3 590	−11 700	558 080
2013-11-26	多	17	3,662						
2013-12-2	多	51		3,677	3,696	3,708			
2013-12-18	平	68					3,665	−14,110	543,970
2013-12-25	空	20	3,612						
2013-12-26	空	20		3,599					
2013-12-31	空	20			3,586				
2014-1-3	空	20				3,573			
2014-2-18	平	80					3,500	74,000	617,970
2014-2-24	空	51	3,412	3,395	3,378				
2014-2-25	空	17				3,360			
2014-3-25	平	68					3,272	77,690	695,660
2014-4-4	多	39	3,356	3,385	3,409				
2014-4-18	平	39					3,308	−29,380	666,280
2014-6-5	空	17	3,213						
2014-6-7	空	17		3,194					
2014-6-8	空	17			3,174				
2014-6-9	空	17				3,155			
2014-6-25	平	68					3,081	70,040	736,320
2014-7-10	多	50	3,213	3,137					
2014-7-18	平	50					3,078	−48,500	687,820
2014-7-21	空	23	3,047						
2014-7-29	平	23					3,108	−14,030	673,790
2014-8-14	空	24	3,036						
2014-8-15	空	24		3,023					
2014-8-19	空	24			3,009				
2014-8-20	空	24				2,995			
2014-10-15	平	96					2,670	331,920	1,005,710
2014-11-7	空	23	2,533						

日期	方向	數量	建倉（點）	加倉 1（點）	加倉 2（點）	加倉 3（點）	平倉（點）	盈虧（點）	餘額（點）
2014-11-18	空	69		2,512	2,491	2,469			
2014-11-28	平	92					2,554	−48,530	957,180
2014-12-11	多	22	2,596						
2014-12-22	平	22					2,512	−18,480	938,700
2014-12-30	多	24	2,605						
2014-12-31	多	24		2,624					
2016-1-6	多	24			2,644				
2016-1-9	平	72					2,564	−43,440	895,260
2016-1-14	空	19	2,470						
2016-1-26	空	19		2,448					
2016-2-4	平	38					2,529	−26,600	868,660
2016-2-13	多	56	2,534	2,549					
2016-2-27	平	56					2,502	−22,120	846,540
2016-3-6	空	27	2,465						
2016-3-9	空	81		2,450	2,435	2,419			
2016-3-18	平	108					2,482	−42,930	803,610
2016-3-27	空	22	2,401						
2016-3-30	平	22					2,474	−16,060	787,550
2016-4-1	空	20	2,398						
2016-4-2	空	40		2,379	2,360				
2016-4-3	空	20				2,341			
2016-4-24	平	80					2,339	24,400	811,950
2016-6-5	多	19	2,429						
2016-6-20	平	19					2,345	−159,60	795,990
2016-6-12	空	29	2,308						
2016-6-15	空	29		2,295					
2016-6-16	空	58			2,282	2,268			
2016-7-21	平	116					2,105	212,570	1,008,560
2016-8-24	空	120	2,023	2,008	1,992	1,976			
2016-12-15	平	120					1,669	396,900	1,405,460
2016-12-21	多	180	1,721	1,735	1,750	1,765			
2016-1-13	平	180					1,738	−8,550	1,396,910

日期	方向	數量	建倉（點）	加倉1（點）	加倉2（點）	加倉3（點）	平倉（點）	盈虧（點）	餘額（點）
2016-1-22	多	92	1,846	1,860					
2016-1-27	平	92					1,815	−34,960	1,361,950
2016-2-15	多	46	1,869						
2016-2-19	多	46		1,883					
2016-2-22	多	92			1,898	1,912			
2016-6-4	平	184					2,391	920,920	2,282,870
2016-6-9	空	66	2,189	2,094	2,086				
2016-6-13	空	22			2,035				
2016-6-6	平	88					2,063	33,440	2,316,310
2016-6-13	多	62	2,152	2,188					
2016-6-27	多	31		2,224					
2016-7-28	多	31			2,261				
2016-7-19	平	124					2,297	112,530	2,428,840

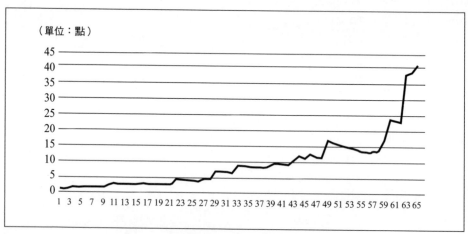

▲ 圖6-5　螺紋鋼指數海龜法則獲利百分比折線圖

6.5

2 個優化海龜法則的技巧

任何系統都有不足之處，不可能有一種系統兼容並蓄，符合所有的價格走勢特徵。趨勢追蹤系統只適合在趨勢形成時使用，它不適合無趨勢走勢，也不適合趨勢反轉走勢。

理想中的海龜交易

如果我們把海龜法則設想得稍稍完美一點，它可能會如圖 6-6 所示。當然真實的走勢並不會這麼完美，這是最理想化的理論示意圖。當突破一個大級別波峰的時候，就是買進時機。這個級別有多大？按長期系統來看，它至少有 50 天，如果按短期系統來看，它至少有 20 天。順勢加倉，直到這一波趨勢走完。

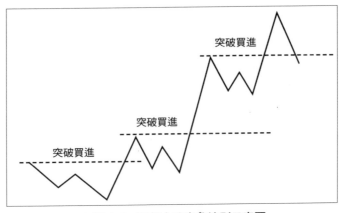

▲ 圖 6-6　理想中的海龜法則示意圖

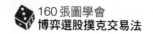

為了符合規律，我在這裡只畫了三波上漲，因為不論道氏理論還是波浪理論，說的都是同級別漲勢在一個趨勢內只有三次上漲。如果運氣夠好，海龜法則可以全部抓住這三次上漲。可如果第一次上漲的幅度很小，剛剛建好倉漲勢就結束了，那就無法獲利。同理，第二次上漲和第三次上漲也存在著這樣的情況。

把道氏理論換成波浪理論來說明，如果一浪幅度小，海龜法則在一浪中就不能獲利。三浪通常不會太小，所以三浪基本上可以抓到。那麼第五浪呢？在學習波浪理論的過程中，有這麼一種說法：「在股票中三浪最勇猛，在期貨中五浪最兇悍。」其實不論在股票還是期貨中，五浪都可長可短。

想要用海龜法則賺到錢，我們只能祈求這一次的上漲幅度拉得更大一些，調整幅度更小一些。在某一推進浪中，可能還會存在著延長浪，這需要上漲的級別足夠大。那麼海龜法則在這一波趨勢中，會不只三次建倉機會，可能會達到五次。我們再來畫一張理論上的完美圖例，如圖 6-7 所示。

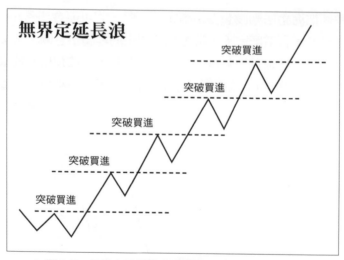

▲ 圖 6-7　無界定延長浪中海龜法則的理想交易示意圖

但從上一小節的回測數據來看，最大連續獲利次數為 3。也就是說在這一個級別的趨勢中，不論你是有 3 次建倉機會還是 5 次建倉機會，最多也只有 2 次獲利。從回測數據中得出的結論是，獲利交易筆數只佔總交易筆數的

40.625%。儘管如此，海龜法則的獲利能力也是有目共睹的，它沒有任何擬合參數，回測數據即可視為真實交易數據。但我們還想精益求精，海龜法則有什麼地方可以改進嗎？

修改加倉條件

　　這需要從海龜法則的交易策略入手。從突破點開始建倉，此時停損位與建倉位相差 2 倍 ATR。每一次加倉後的停損位與建倉都相差 2 倍 ATR，但到最後一次加倉時，建倉位與突破位相差 1.5 倍 ATR，突破點與總停損位相差 0.5 倍 ATR。

　　當趨勢形成時，前文說過人們有錨定心理，這種錨定心理會讓價格暫緩上漲，從而回測突破位。在突破位附近震盪，反覆穿叉 0.5 倍 ATR 的情況經常發生。但只要出現這種反覆震盪，我們就必須承受 4% 的虧損。

　　所以有人說，海龜法則的資金管理過於激進了，能不能更平和一點呢？基於這種理念，有人把加倉 0.5 倍 ATR，變成了加倉 1 倍 ATR，其他條件不變。從突破開始，到加滿 4 個單位，最後一次加倉時的建倉位與突破位相差 3 倍 ATR。

　　雖然停損距離最後一次建倉位同樣是 2 倍 ATR，但加滿 4 個單位時，與突破位相差更多了，這種錨定效應會減弱很多，停損的頻率也會降低。由於加倉變得不再激進，加倉的進程就會緩慢很多，即使發生停損，總停損幅度也會降低。

　　停損的頻率降低了，風險變小了，相應的獲利也會變少。在同樣的漲幅內，第一次加倉會少賺 0.5 倍 ATR，第二次加倉會少賺 1 倍 ATR，第三次加倉會少賺 1.5 倍 ATR。如果趨勢足夠大，累積少賺 3 倍 ATR 還可以接受，也只不過平均三天的漲幅而已，我們來舉個例子。

　　例如，突破位為 100 點，ATR 為 10，突破位為 200 點、300 點時符合平倉條件，獲利情況如表 6-13 所示。

表 6-13　獲利情況對比

交易	0.5 倍 ATR	1 倍 ATR
建倉	100	100
第一次加倉	105	110
第二次加倉	110	120
第三次加倉	115	130
平均成本	107.5	115
平倉位 1	200	200
獲利 1	370	340
平倉位 2	300	300
獲利 2	770	740

單位：點

　　不論你將平倉位設置成多少，它們的獲利差距僅為 3 倍 ATR，漲幅越大，3 倍 ATR 所佔全部獲利的比重越小。

　　但是漲幅很小的情況下呢？如果此次上漲只漲到 3 倍 ATR 就終止了呢？在停損的情況下，1 倍 ATR 相對於 0.5 倍 ATR 是否會有優勢呢？因為情況不同，我們分別舉例。例如，突破位為 100 點，ATR 為 10，價格漲至 131 點後下跌，如表 6-14 至表 6-17 所示。

表 6-14　初次建倉後停損虧損對比

交易	0.5 倍 ATR	1 倍 ATR
建倉	100	100
停損位	80	80
虧損	−20	−20

單位：點

表 6-15　第一次加倉後停損虧損對比

交易	0.5 倍 ATR	1 倍 ATR
建倉	100	100
第一次加倉	105	110
平均成本	102.5	105
停損位	85	90
虧損	−35	−30

單位：點

表 6-16　第二次加倉後停損虧損對比

交易	0.5 倍 ATR	1 倍 ATR
建倉	100	100
第一次加倉	105	110
第二次加倉	110	120
平均成本	105	110
停損位	90	100
虧損	−45	−30

單位：點

表 6-17　第三次加倉後停損虧損對比

交易	0.5 倍 ATR	1 倍 ATR
建倉	100	100
第一次加倉	105	110
第二次加倉	110	120
第三次加倉	115	130
平均成本	107.5	115
停損位	95	110
虧損	−50	−20

單位：點

　　1 倍 ATR 加倉法，初次建倉和加滿倉時的虧損是一樣的，第一次建倉和第二交建倉的虧損是一樣的。但不論怎麼變化，都會比 0.5 倍 ATR 加倉法虧損得少。

　　至此我們可以說，1 倍 ATR 加倉法可能在風險控制上更有優勢。而損失的 3 倍 ATR，只是獲取優勢時必須付出的微小代價而已。

篩檢程式

　　有時為了增加海龜法則的成功率，會給它加上一個篩檢程式。比如在柯帝士‧費思的書中，他介紹的方法是加上兩根均線，參數分別為 25 日均線和 300 日均線。若短期均線在長期均線之上，則只做多單，反之只做空單。這就像在趨勢工具中，再加上一個更加確認趨勢的工具一樣。

　　這樣做的好處在於，趨勢的確認有了雙重保險。但其劣勢也是不可忽略的，若價格在底部快速止跌並上漲，均線的反應相對於價格來說非常滯後，當 25 日均線還處於 300 日均線之下時，海龜法則可能已經給出了建倉的訊號，由於我們用了篩檢程式，此時不可能建倉。

　　價格順勢繼續上漲，25 日均線上穿 300 日均線，此時我們還建不建倉呢？若建倉，離突破點太遠了；若不建倉，一波趨勢就錯過了。

　　對於雙均線篩檢程式，如果你對風險要求比較高，可以使用。但如果你能承受海龜法則帶來的資金回撤，則可以不用。也可以嘗試著調整一下雙均線的參數，但均線的特點就是，若將參數改得太小，它會過於靈敏，失去了篩檢程式的作用。若將參數改得過大，它又過於滯後，不僅將偽訊號過濾掉了，連真訊號也被過濾掉了。

6.6

如何將海龜法則指標化？

用文字或用 Excel 來展現海龜法則，當然也不失為一種方法，但總歸還是過於繁瑣了。最好將它編為指標，一眼便可知。關於如何在軟體中寫入指標，就不再贅述了。海龜法則的公式為以下內容。

U：REF(HHV(HIGH,A),1),COLORRED

D：REF(LLV(LOW,B),1),COLORGREEN

其中 U 表示上軌，D 表示下軌。而 A 為上軌的參數，B 為下軌的參數，在軟體中帶入公式時，可以直接將參數值輸入替換 A、B。

圖 6-8 所示為上證指數上軌 50 天、下軌 50 天的海龜法則示意圖。圖中的後半部分，指數上穿上軌，給出做多訊號，但面對前半部分的跌幅，你肯定已經停損離場了。所以在上下軌都是 50 天的通道裡，暫時沒有交易訊號出現。

▲ 圖 6-8　上軌 50 天、下軌 50 天的海龜法則示意圖

　　如果已經給出買入交易訊號了，那麼可以將下軌參數調整為 20 天，如圖 6-9 所示。如果已經給出賣出交易訊號了，那麼可以將上軌參數調整為 20天，如圖 6-10 所示。

▲ 圖 6-9　上軌 50 天、下軌 20 天的海龜法則示意圖

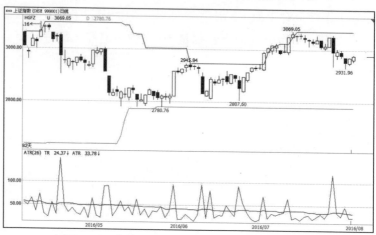

▲ 圖 6-10　上軌 20 天、下軌 50 天的海龜法則示意圖

　　圖 6-8 到 6-10 的三張圖下方為 ATR，如果某一天給出了交易訊號，可以直接查看前一天的 ATR 數據，計算出交易數量、建倉位、停損位。

　　真正的短線交易其實很少用到 K 線圖，它更常是基於基礎數據的統計和分析來進行決策的。既然 RangeBreak 系統可以根據價格突破前一天最大幅度的百分比來確定日內趨勢的走向，我們能不能在 RangeBreak 的基礎之上，再改進一下呢？這部份將於下一節中詳細介紹。

6.7

加入 ATR 通道，
回測準確率更高

RangeBreak 系統參考的只是前一天的最大波動幅度，只有一天的參考數據，多少有些激進，它的「變異性」很強，但「遺傳性」很弱。變異性和遺傳性的比例是很難調和的，如果你想要激進一些，那就增強「變異性」；如果你想要保守一點，就增強「遺傳性」。

所以如果要在 RangeBreak 系統上進行調整的話，就不能繼續在「變異性」上做文章了，只能考慮「遺傳性」的改進。

在 RangeBreak 系統中加入 ATR

如前文所述 ATR 是海龜法則的重要內容之一，它所表示的是價格在 N 天內的平均真實波動幅度，海龜法則採用的 N 值是 20 天。

我們能否將 ATR（20）用來替代 RangeBreak 系統中，前一根 K 線的最大波動幅度呢？20 天的 ATR 值，大多會比前一天 K 線最大波動幅度要更加穩定。計算方法其實沒多少變化，只是需要改動一下公式。

上軌：當日開盤價＋前一個交易日的 ATR（20）×N

下軌：當日開盤價－前一個交易日的 ATR（20）×N

當價格上穿上軌時，做多。當價格下穿下軌時，做空。價格未上穿上軌或下穿下軌，就持有至收盤平倉。

因為本書是偏重於股票交易的，所以我們還是以上證指數來做回測。回測計算方法與 RangeBreak 系統相同，並且只考慮做多，不考慮做空。回測指數的目的，是讓其能應用於個股，因為 T+1 的交易規則，我們只能放棄日線的回測，採取週線的回測，結果如表 6-18 所示。

表 6-18　ATR 通道交易回測參數與收益

年份	使用參數	獲利（點）	擬合後係數	上證實際漲幅（點）
1991		128.87	0.1	
1992	0.1	466.53	0.9	487.64
1993	0.9	−51.82	0.2	53.41
1994	0.2	180.56	0.2	−186.93
1995	0.2	136.04	0.1	−92.58
1996	0.1	374.04	0.2	361.73
1997	0.2	16.14	0.2	277.08
1998	0.2	212.4	0.1	−47.4
1999	0.1	759.13	0.1	219.88
2000	0.1	550.25	0.1	706.9
2001	0.1	−66.5	0.1	−427.51
2002	0.1	150.6	0.1	−288.32
2003	0.1	361.52	0.1	139.39
2004	0.1	−169.17	0.1	−230.54
2005	0.1	−46.76	0.1	−106.44
2006	0.1	1,348.54	0.1	1,514.41
2007	0.1	1,694.07	0.1	2,586.09
2008	0.1	−356.99	0.1	−3,440.76
2009	0.1	888.83	0.1	1,456.3
2010	0.1	−3.42	0.1	−469.06
2011	0.1	−340.4	0.1	−608.66
2012	0.1	283.52	0.1	69.71
2013	0.1	171.43	0.1	−153.15
2014	0.1	956.99	0.1	1,118.7
2015	0.1	1,244.96	0.1	304.5
2016	0.1	119		−559.84

ATR 通道的獲利與原版 RangeBreak 系統的獲利對比

用 ATR（20）對 RangeBreak 系統的一部分進行交易後，RangeBreak 系統從 1992 年年初到 2016 年 7 月末的獲利為 8,879.49 點。對比原版 RangeBreak 系統獲利的 9,701.17 點，少了 821.68 點。兩者的具體獲利對比如表 6-19 所示。

表 6-19　ATR 通道的獲利與原版 RangeBreak 系統的獲利對比

年份	ATR 通道		原版 RangeBreak 系統		上證實際漲幅（點）
	參數	獲利（點）	參數	獲利（點）	
1992	0.1	466.53	0.1	509.89	487.64
1993	0.9	−51.82	0.4	474.46	53.41
1994	0.2	180.56	0.4	121.6	−186.93
1995	0.2	136.04	0.4	234.21	−92.58
1996	0.1	374.04	0.3	317.03	361.73
1997	0.2	16.14	0.2	263.11	277.08
1998	0.2	212.4	0.2	236.58	−47.4
1999	0.1	759.13	0.2	576.76	219.88
2000	0.1	550.25	0.2	607.67	706.9
2001	0.1	−66.5	0.2	72.97	−427.51
2002	0.1	150.6	0.2	60.59	−288.32
2003	0.1	361.52	0.2	377.75	139.39
2004	0.1	−169.17	0.2	−66.43	−230.54
2005	0.1	−46.76	0.2	88.22	−106.44
2006	0.1	1,348.54	0.2	1,122.08	1,514.41
2007	0.1	1,694.07	0.2	1,344.67	2,586.09
2008	0.1	−356.99	0.1	−196.93	−3,440.76
2009	0.1	888.83	0.1	1,096.05	1,456.3
2010	0.1	−3.42	0.1	−146.7	−469.06
2011	0.1	−340.4	0.1	−123.25	−608.66
2012	0.1	283.52	0.1	270.72	69.71

年份	ATR 通道		原版 RangeBreak 系統		上證實際漲幅（點）
	參數	獲利（點）	參數	獲利（點）	
2013	0.1	171.43	0.1	237.41	−153.15
2014	0.1	956.99	0.1	946.87	1,118.7
2015	0.1	1,244.96	0.1	1,201.56	304.5
2016	0.1	119	0.1	74.28	−559.84

　　下圖為 ATR 通道的獲利與原版 RangeBreak 系統的獲利對比。

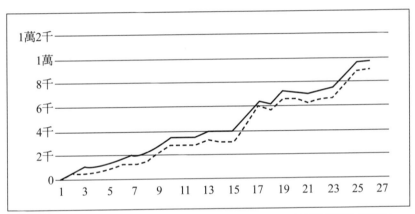

▲ 圖 6-11　ATR 通道的獲利與原版 RangeBreak 系統的獲利對比折線圖

　　上方的曲線為原版系統，下方的曲線為 ATR 通道。這兩種系統的資金獲利曲線基本上沒有太大的差異，只是 ATR 通道在最初的兩年中落下了一步，就始終未趕上原 RangeBreak 系統的步伐。

　　問題出現在 1993 年的數據上，原版系統的參數是 0.4，而 ATR 通道的參數是 0.9。這是 1991 年和 1992 年的數據特點，由 ATR 和上一週最大波動幅度的影響所致。其後兩個系統的參數高度一致，如果我們將 1992 年和 1993 年的獲利去掉，這兩條獲利曲線基本上就是重合的了。

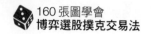
ATR 通道交易系統評測

經由比較，兩種方法基本上是一致的。但為什麼還要用 ATR 進行替換，並用一節內容來進行說明呢？因為我想告訴你，RangeBreak 系統是一個平台，它的理念不變，你可以將任何可以衡量波動的「模組」插入這個系統中，如表 6-20 所示。

表 6-20　ATR 通道與原版 RangeBreak 系統評測數據對比

時間：1992 年～2016 年7月29 日		
樣本：上證指數週線		
項目	ATR 通道	原版 RangeBreak 系統
利潤總額（點）	8,879.49	9,701.17
交易筆數	895	863
平均每筆交易回報（點）	10.06	11.19
最大獲利（點）	778.41	772.26
最大虧損（點）	447.47	462.58
毛利潤（點）	26,963.2	26,391.3
毛虧損（點）	17,958.07	16,732.14
盈虧比	1.5	1.58
獲利交易筆數	525	516
虧損交易筆數	370	347
準確率（%）	58.66	59.79
平均毛利潤（點）	51.36	51.15
平均毛虧損（點）	48.54	48.22
最大連續虧損次數	7	10
最大連續虧損數額（點）	447.47	462.58

ATR 通道的視覺呈現

我們只需要在軟體中輸入如下公式，即可將 ATR 通道進行呈現。

TR：MAX(MAX((HIGH － LOW),ABS(REF(CLOSE,1) － HIGH)),ABS(REF(CLOSE,1) － LOW)),NODRAW

ATR：MA(TR,20)NODRAW

UPON：OPEN ＋ N×REF(ATR,1)×0.1

DOWN：OPEN － N×REF(ATR,1)×0.1

其他設置與 RangeBreak 系統的設置一樣，載入指標後，ATR 通道如圖 6-12 所示。

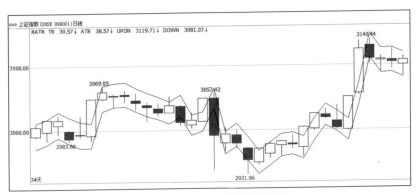

▲ 圖 6-12　ATR 通道參數為 5

155

三重濾網法，
有效避免風險！

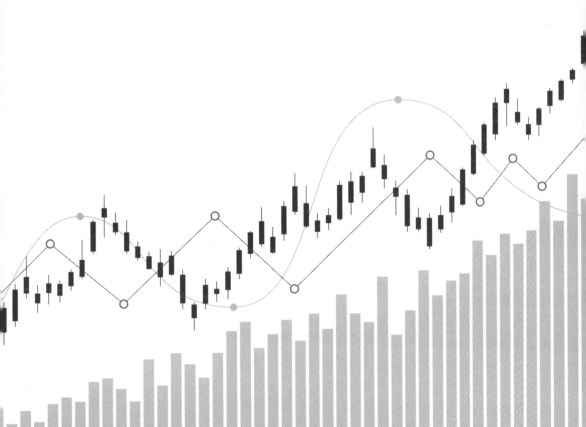

7.1

可能在更低點買進嗎？

三重濾網法就是為了交易問題而誕生的，這種方法記錄在《以交易為生》一書中，作者亞歷山大・埃爾德（Alexander Elder）是蘇聯的一名心理醫生。20 世紀 70 年代，他在一艘輪船上工作，當輪船行駛至非洲時，他跳離了輪船，前往美國，這在當時屬於叛國行為。

促使他進入交易行業的原因是，1976 年夏天他從紐約到加利福尼亞的路上，讀了一本英格爾的書《如何買股票》，被書中的理念所吸引，從此便開始了他的交易生涯，不過在此期間，他還是一名心理醫生。

亞歷山大・埃爾德的代表作就是《以交易為生》（有的版本翻譯成《操作生涯不是夢》），他發明的三重濾網就被收錄在這本書中。

海龜法則要求在向上突破後買進，向下跌破後賣出。雖然買進是突破長週期，賣出是突破短週期，但也無法改變它的特點──掐頭去尾，如圖 7-1 所示。

海龜法則的特點是，突破前 50 天的高點，其實是將它默認為出現了上升趨勢，並且覺得上升趨勢會延續下去。如果在已知是上升趨勢的條件下，我們能不能在上升趨勢中的某一個回檔低點附近買進呢？這樣就不用再等待向上突破了，反而能多賺一部分利潤，如圖 7-2 所示。

想達到這種要求，需要明確兩點內容：第一，確認一波漲勢；第二，找到回檔低點。這兩點說起來容易做起來難，所以只能「抽絲剝繭」，一層一層地解決問題。

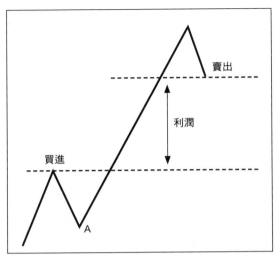

▲ 圖 7-1　海龜法則理想交易示意圖

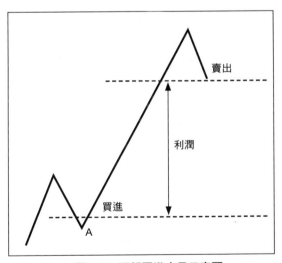

▲ 圖 7-2　理想買進交易示意圖

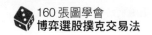

第一重濾網：確定上升趨勢

　　任何趨勢追蹤交易系統的首要任務，都是判別趨勢。Rangebreak 系統雖然是日內沖銷系統，但它的本質是尋找日內的短暫趨勢，當價格向某一個方向運行超過特定的百分比時，默認為日內趨勢形成。海龜法則的長期系統是將突破前 50 個交易日的最高點，設定為上升趨勢已經形成。

先定出方向

　　從這兩個趨勢追蹤系統中，我們至少可以總結出兩點。首先，不管你對趨勢的定義是什麼，必須先立個規矩，然後按規矩辦事。

　　其次，你所設定的定義必須可以量化，Rangebreak 系統和海龜交易法則都符合這兩點原則。這些道理其實是「百姓日用而不知」，比如最簡單且流傳最廣的雙均線法，當短期均線上叉長期均線時，可買進。它所包含的兩點內容分別為，第一，短期均線運行在長期均線上，被定義為上升趨勢；第二，當短期均線上叉長期均線時，順著上升趨勢建倉。這兩點將雙均線法對趨勢的定義，進行了量化。

　　需要注意的是，每個交易系統對趨勢的定義都是不同的，而且也沒有對錯之分。這些定義都是在一定範圍之內，再配合上其他的量化使之有效，但並不是放諸四海皆準的真理。如果真的有完美的趨勢定義，市場也一定會發生改變。所以立規矩的重點，不在於規矩是否絕對正確，而在於規矩是交易的尺規、準繩。

　　那麼三重濾網法是怎麼定義趨勢的呢？原版三重濾網是使用 MACD 柱線圖來定義的，若相鄰兩根 MACD 柱線的斜率大於 0，代表上升趨勢；若

相鄰兩根 MACD 柱線的斜率小於 0，代表下降趨勢。斜率是從 y=kx+a 解析式中來的，其中 k 代表著斜率，如圖 7-3 所示。

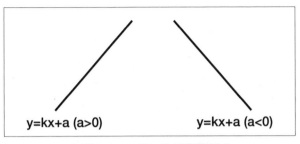

▲ 圖 7-3　一元一次函數解析式

　　或者說如果相鄰兩根 MACD 柱線，後一根柱線的數值比前一根柱線的數值大，則表示上升趨勢。如果相鄰兩根 MACD 柱線，後一根柱線的數值比前一根柱線的數值小，則表示下降趨勢，如圖 7-4 和圖 7-5 所示。

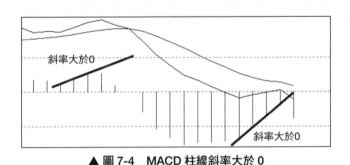

▲ 圖 7-4　MACD 柱線斜率大於 0

▲ 圖 7-5　MACD 柱線斜率小於 0

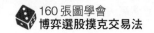

這裡說的是柱線數值，而不是柱線長度。所以當斜率大於 0 時，零軸下方（綠色）的柱線是在數值變大的同時，長度越來越短。相反地，當斜率小於 0 時，零軸下方的柱線是在數值變小的同時，長度越來越長。負數的絕對值越大，它的數值越小。

我們總說指標是處於輔助地位的，那怎麼能用指標來判斷趨勢呢？即便是用指標，至少也應該用主圖指標，用副圖指標會顯得太不嚴謹？其實我們判斷趨勢，除了用基礎的道氏理論外，外加的輔助指標，通常都是用均線類指標。MACD 指標就是均線類的指標，只不過它有柱線圖，不適合作為主圖指標出現。

詳解 MACD

MACD 的全稱是「平滑異同移動平均線」，我們把軟體中的 MACD 計算公式拿出來分析一下。

DIFF：EMA(CLOSE,SHORT) − EMA(CLOSE,LONG)

DEA：EMA(DIFF,M)

2×(DIFF − DEA),COLORSTICK

其中，SHORT = 12，LONG = 26，M = 9

第一條線為 DIFF 線，是用 12 天的指數平均值與 26 天的指數平均值相減得出的。這是兩條平均線的差值線，只不過不是用算數平均演算法得出的，而是用指數加權平均演算法得出的。

SHORT 和 LONG 只不過是參數代表，就像其他指標參數命名喜歡用 M 或 P 一樣。不過 MACD 的參數取值倒是有來歷的。當時美國一週開盤 6 天，只休市 1 天，所以 SHORT（12）代表的是兩週的週期，或者是半個月的週期。一個月有 4 週，平均 30 天，減掉 4 個週日為 26 天，所以 LONG（26）代表的是 4 週的週期，或者是 1 個月的週期。

第二條線為 DEA 線，是對 DIFF 線的再次平滑化。還是採用加權平均演算法，參數為 9。也就是每 9 個 DIFF 線的數值，計算得出一個 DEA 數值，它相較於 DIFF 線更加平滑，更加緩慢。

第三條線為柱線，用 DIFF 線與 DEA 線的差再乘以 2，即為柱線的值。

　　其實柱線可有可無，DIFF 線在 DEA 線之上，柱線在零軸之上（紅色）；DIFF 線在 DEA 線之下，柱線在零軸之下（綠色）。之所以乘以 2，是為了讓柱線變長，看得更清楚。

　　如果不需要柱線的話，也就是 DIFF 上叉 DEA 線，即被三重濾網法默認為上升趨勢。那為什麼要加柱線呢？因為即便 DIFF 線在 DEA 線之上，它們之間的距離也有可能縮小了，如果不仔細計算，僅靠觀察是很難察覺的。柱線的存在，是為了更直觀地得出結論。

　　再來整理一下 MACD 的兩條線。DIFF 線是長短兩根均線的差，如果 DIFF 上漲，表示短期均線的值大於長期均線的值，也說明短期上漲的速率高於長期上漲的速率。

　　DIFF 線若在零軸之上，說明短期均線在長期均線之上。DIFF 線若在零軸之下，說明短期均線在長期均線之下，這一根 DIFF 線就代表了雙均線系統。

　　DEA 線是對 DIFF 線的再次加權平均，如果 DEA 線始終在零軸之上，說明在 9 天的範圍內，短期均線始終處於長期均線之上，反之亦然。若 DEA 線與 DIFF 線在零軸之上的距離不斷擴大，說明近期上漲勢頭正猛。若在零軸之上，兩線距離變小，說明近期上漲勢頭有所衰弱。

　　上漲勢頭正猛，市場處於上升趨勢中；上漲勢頭衰弱，市場處於下降趨勢中。而柱線的作用就是測算兩線的距離，所以三重濾網是用相鄰兩根柱線的斜率，來定義上升趨勢和下降趨勢的。

　　不論是程式化交易還是主觀交易，根據自己的理解給趨勢做一個定義後，就有了尺規。在上升趨勢內，只做多不做空；在下降趨勢內，只做空不做多，這樣操作至少勝率會大很多。尤其是對主觀交易者來說，有了尺規，就不會亂動，不亂動也就不會心亂。

　　原版三重濾網中的 MACD 柱線圖，雖然可以瞬時表示行情處於什麼狀態，但兩線之間的距離變化畢竟還是太快了。比如說上升趨勢中，上漲的速率開始很快，DIFF 線與 DEA 線之間距離快速拉開，柱線數值也迅速變大。但當上漲速率開始變慢時，DIFF 線與 DEA 線之間距離變小，柱線數值也變小。從三重濾網法對趨勢的定義來說，上升趨勢已經變成了下降趨勢。

　　但事實上，只不過是上漲速率變慢了而已，趨勢並沒有改變。如圖 7-6

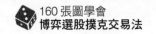

所示，標注位置柱線的數值由小變大，給出的結論是下降趨勢變成上升趨勢了，然而看主圖 K 線，還是下降趨勢。

不論如何，如果用 MACD 柱線來定義趨勢，好像有點不太可靠。但三重濾網法的理念是絕對沒有問題的，關鍵在於我們怎麼改良。在《以交易為生》一書中，根據讀者回饋指出，用 EMA 線主圖指標的斜率來定義趨勢，要比使用 MACD 柱線好很多，作者也坦誠地承認了。埃爾德表示，他給的是一種理念，並不是一個完整的作業系統，如果完全照做的話，是不會成功的。至於如何優化原版三重濾網法，我們後面再說。

▲ 圖 7-6　MACD 柱線斜率大於 0 時價格下跌

三重濾網法中，先對趨勢進行定義，若在上升趨勢中，只做多不做空；若在下降趨勢中，只做空不做多。這是三重濾網中的第一重濾網。

第二重濾網：
找出 KD 低於 30 的時機

　　技術指標分為趨勢指標和擺動指標兩種，其實也可以廣義地把它們視為追蹤趨勢指標和反趨勢指標。

如何找到反彈高點、回檔低點

　　追蹤趨勢指標有 MA（移動平均線）、PUBU（瀑布線）、SAR（ 物線指標）、BOLL（布林通道）。這類指標沒有上下邊界，也沒有零軸以作參考，價格上漲我們跟著漲，價格下跌我們跟著跌，總之就是緊跟趨勢。

　　反趨勢指標有 KDJ（隨機指標）、RSI（相對強弱指標）、ROC（變動速率指標）等。這些反趨勢指標的特點是要麼有上下邊界，比如 KDJ 的上下邊界為 0~100；要麼有零軸以區別多空，比如 ROC。當價格上漲到一定程度，指標達到某個數值以上時，表示超買，價格可能在此處會停止上漲，進而下跌。當指標達到某個數值以下時，表示超賣，價格可能停止下跌，進而上漲。

　　當然，如果指標表示已經超買了，價格還是一路上漲的話，指標會長期留在超買區，此時該指標已經失效了。若價格一旦下跌，指標會快速下跌來配合價格。

　　三重濾網法要先定義趨勢，來界定此時是找機會做多，還是找機會做空。為了追蹤趨勢，自然要找追蹤趨勢類的指標。我們上節說過的 MACD 其實是均線類指標，也應納入追蹤趨勢類指標。

　　三重濾網法在給定的趨勢下，尋找回檔低點買進或反彈高點賣出。我們可以理解成 1 浪上漲後，確立了上升趨勢，隨後 2 浪下跌，找到 2 浪回檔的

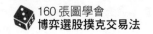
低點買進，持有第3浪。在道氏理論中，你也可以理解成上升趨勢是主要趨勢，在主要趨勢中存在著次要趨勢，我們在上升趨勢中找到次要趨勢的低點買進。

上漲—回檔—上漲，是三重濾網法的理論基礎。所以在兩次上漲間的回檔中，就不能再用追蹤趨勢類指標了，而需要使用反趨勢類指標。使用反趨勢類指標是為了提示我們，此時在兩次上漲間的下跌回檔，可能接近尾聲或已經結束了。

這需要分為兩個級別，如果我們用週線來確定趨勢，那麼就要在日線中尋找回檔低點；如果我們用日線來確定趨勢，那麼就要在小時線中尋找回檔低點。小時線中，20根K線級別的回檔在日線上，也不過是5個交易日而已。而日線回檔5個交易日，並不足以扭轉趨勢。

同理，日線中20個交易日的回檔，在週線上不過是4根K線，4週的回檔也不足以改變週線的趨勢。如果大級別的趨勢改變了，我們也就沒有必要再在小級別的K線中尋找回檔的低點了。

詳解 KD

原版三重濾網法，是使用KD來尋找回檔低點或反彈高點的。為了能更好理解KD為什麼能夠提供調整結束的訊號，還得先從指標的計算方法入手，公式如下。

RSV：(CLOSE － LLV(LOW,N))/(HHV(HIGH,N) － LLV(LOW,N))×100

K：$SMA(RSV,M_1,1)$

D：$SMA(K,M_2,1)$

把公式翻譯為中文如下。

RSV ＝ [(當日收盤價—N 日內的最低價)÷(N 日內的最高價—N 日內的最低價)]×100

K 線＝RSV 的 M_1 天的擴展指數加權平均值

D 線＝K 線的 M_2 天的擴展指數加權平均值

其中最常見的參數設置是，N 為 9，M_1 為 9，M_2 為 3。

先看 RSV 公式中的分子，當日收盤價與 9 天內最低價的差，可以理解

為相對於9天最低價的漲幅。分母為9天內的最高價與9天內的最低價之差，可以理解為最近 9 天內的最大震盪幅度。

　　將今天的漲幅與 9 天內的相對比，除以 9 天內最大震盪幅度，也就是今天的漲幅佔 9 天內最大幅度的百分比是多少。我們畫個圖來加深理解一下，如圖 7-7 所示。

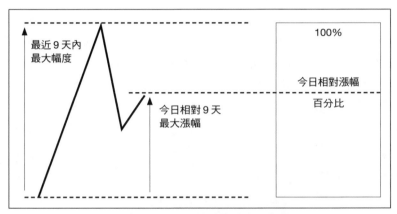

▲ 圖 7-7　RSV 值計算過程示意圖

　　如果今天的收盤價是最近 9 天內的最高點，那麼分子與分母一樣大，就是 100%。如果今天的收盤價是最近 9 天內的最低點，那麼分子為 0，比值也為 0。那麼每根 K 線的收盤距離最近 9 天的高點越高，RSV 值也就越高，反之 RSV 值越低。

　　RSV 的含義，就是當前的收盤價處於最近一段時間的什麼位置。RSV越來越高，說明價格處於上升趨勢；RSV 越來越低，說明處於下降趨勢中。但 RSV 值是根據每根 K 線計算而來的，可能前一根 K 線的收盤價，是 9 天內震盪幅度的高點，RSV 值為 100。下一根 K 線就可能是 9 天內震盪幅度的低點，RSV 一下子變成了 0。這麼忽上忽下，不具備操作性，於是就非常有必要將 RSV 值進行平滑處理。

　　KD 中的 K 線，就是將 RSV 做平滑處理後的表現形式。將最近的 9 個RSV 值進行指數加權平均後，得出 K 值。K 值有時也會過於靈敏，那就再次將 K 值平滑化，將最近的 3 個 K 值指數加權平均後得出 D 值。你也可以

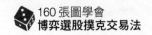
理解為，是將最近 27 個 RSV 值平滑處理後得出 D 值。

當 K 線逐漸向上，說明當前收盤價在最近的區域中重心不斷上移。當 K 線處於 D 線之上時，說明最近 9 天收盤價的平均位置，處於最近 27 天收盤價的平均位置之上。這表示價格在不斷的上漲進程中，反之表示價格在不斷的下跌進程中。

所以當 K 值處於 30 以下，表示連續 9 天收盤價的平均位置，處於該階段的 30% 位置以下了。若是 D 值處於 30 以下，表示連續 27 天收盤價的平均位置，處於該階段的 30% 以下了。27 個交易日，大約一個月多一點，這麼多天數的收盤價都處於整體震盪格局的低位，極有可能隨時會產生反彈。

當 D 值從 30 以下進入 30 以上時，27 個交易日內收盤價的平均位置，已經脫離了下方區域的 30%，收盤價重心上移，預示著價格即將上漲。

既然上漲－回檔－上漲是三重濾網法的主旋律，那麼回檔總是有幅度的，此處必須用反趨勢指標來量化。原版三重濾網法中，在第一重濾網顯示為上升趨勢的前提下，以 KD 的值能否進入 30 以下作為第二重濾網。那麼 KD 的值進入 30 以下，說的是 K 值還是 D 值呢？以現在所做的回測來看，K 值還是過於靈敏了，D 值的效果更好一些。

7.4

第三重濾網：確定買入點

　　第一重濾網確立上升趨勢。在第一重濾網條件不變的前提下，於更小一個級別的 K 線中尋找 KD 低於 30 的時機。如果這兩重濾網都達到了，那麼就剩下最後一重濾網了——確定買入點。

尋找建倉點

　　一般情況下，在一波下跌走勢中，前一根 K 線的最高點不會輕易被穿越。一旦價格穿越了前一根 K 線的最高點，再加上大級別 K 線中是看漲趨勢，小級別 K 線中 KD 值還低於 30，下跌走勢有很大的機率會就此完結，此時到了上漲—回檔—上漲的第三步，也就是上漲。

　　所以在原版三重濾網中，大級別週線處於上升趨勢中，小級別日線的 KD 值低於 30，並且在小級別日線中，當前價格超越了前一根 K 線的最高點一檔，就應該買入了。什麼是一檔？一檔就是一個最小變動價。比如 3.55 元，最小變動價是 0.01 元，向上一檔就是 3.56 元。如果前兩重濾網都符合條件，前一根 K 線的最高價是 3.55 元，我們就在價格突破 3.55 元 ~3.56 元時買進。

　　圖 7-8 所示為鐵礦 1609 合約日線圖，鐵礦 1609 合約 2016 年 4 月 7 日的 MACD 柱線值為 -9.54，相對於前一日 6 日的 MACD 柱線值 -9.84 提高了 0.3。按照三重濾網的第一重濾網條件，在 MACD 柱線值沒有低於 -9.84 之前，只做多不做空。

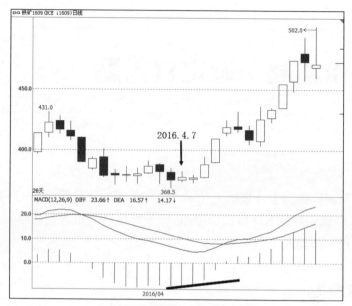

▲ 圖 7-8　鐵礦 1609 合約日線

　　再看第二重濾網，小時線的 KD 值是否低於 30。圖 7-9 所示為鐵礦 1609 合約的小時線，過幾天後，4 月 15 日晚 21 點到 22 點的小時線 K 線，D 值為 29.96，符合三重濾網的第二重濾網條件，此時的鐵礦 1609 合約已經進入了上漲階段。

　　進入三重濾網的第三重，當然在這根小時線 K 線沒走完之前，是不能下定論的，因為價格在不停地變化，KD 值也會不停地變化。只有等到時間剛剛過 22 點，前一 KD 值不再發生變化了，才算真正開始了三重濾網的第三重佈局。

▲ 圖 7-9　鐵礦 1609 合約小時線

一次完整的三重濾網法交易

　　22 點後，D 值定格在 29.96，已經符合三重濾網的全部條件了。22 點到 23 點的價格，只要超過前一根 K 線的最高點，向上一檔即是多單建倉位。21 點到 22 點 K 線最高價為 410.5，22 點到 23 點 K 線的最高價 408.5，所以還要繼續等。

　　22 點一過，我們還需要再檢查一遍三重濾網的每一重，先看日線 MACD 柱線數值是否大於前一根柱線數值，再看小時線中 D 值是否還處於 30 以下，此時的 D 值為 27.61，符合條件。

　　再從 23 點等到 23：30 收盤時，看價格是否超過前一根的 K 線最高點 408.5。鐵礦 1609 合約的最小變動價為 0.5，所以我們應當在價格為 409 掛入買單。23 點到 23：30 K 線的最高價 411，觸發了我們掛入的條件，價格在 409 成交，如此就完成了三重濾網法交易的一半了。

　　除了等待價格上漲以外，還要做好停損工作。三重濾網法的停損方法

171

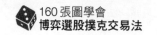

為：買入 K 線的前一根 K 線的最低點減一檔。我們是在 23 點到 23：30 那根 K 線買入的，它的前一根 K 線就是 22 點到 23 點那根，它的最低價為 403.5，減一檔為 403，所以我們持入停損單的價格為 403 點。

這筆交易已經進行了 2/3 了，下一步等待我們的不是停利就是停損。停損工作我們已經做好了，那停利怎麼辦呢？看根據什麼建倉，就根據什麼平倉。三重濾網法的第一重濾網，是以 MACD 柱線斜率來判定趨勢，如果斜率大於 0，默認為上升趨勢。所以當 MACD 柱線斜率小於 0 時，上升趨勢結束，也就是我們平倉之時。

停損單掛到雲端，我們不用再為它操心，剩下的工作就是每天在收盤前看一眼日線的 MACD 柱線，是否比前一根小了就可以了，如圖 7-10 所示。

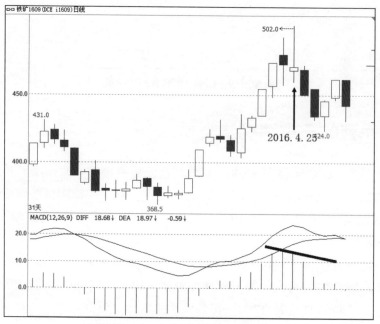

▲ 圖 7-10　MACD 柱線斜率小於 0 平倉

2016 年 4 月 25 日，MACD 柱線值為 14.17，比上一個交易日 22 日 MACD 柱線值 14.63 低 0.46，所以在 25 日臨收盤前平倉。假設 25 日收盤價就是我們的平倉價，當日收盤價為 471，建倉價為 409，每張獲利 6,200 元。

7.5

優化三重濾網的技巧

我們早就說過用 MACD 的柱線來判斷趨勢相當不可靠，價格下跌，柱線值變大，或者價格上漲，柱線值變小的情況比比皆是，嚴重影響了趨勢判斷的準確性，所以我們必須得找一個更靠譜的指標來判斷趨勢。

此外，KD 進入30 以下 70 以上便準備動手，是不是也太草率了？因此，要對第一重濾網和第二重濾網進行改進，那麼連帶第三重濾網也要跟著改進。

第一重濾網優化

第一重濾網使用 DIFF 線與 DEA 線的位置來判斷趨勢，會比使用柱線斜率要好得多。很多書中介紹 MACD 的時候，有的把它歸為趨勢性指標，因為它是以移動平均線為基礎計算出來的指標；有的把它歸為擺動的指標，因為它有零軸作為參考。但根據我的實盤數據來觀察，它屬於擺動指標的可能性更大一些。

所以我們必須換一種更能指示方向的指標，任何一種追蹤趨勢類指標都不及均線。均線唯一存在的問題是參數不好確定，但我們自己找不到，前文提到過，《以交易為生》的讀者推薦使用 EMA 線來代替 MACD 柱線。

我曾用 EMA（13）作為第一重濾網的工具，但很長時間沒有交易，我有些懷疑是不是把13作為參數太慢了，於是將 EMA（13）轉換成了 EMA（8），交易的次數明顯增多了，可是錯誤率也直線上升。因此得知將參數調整得太快也不行，最後還是改成了 EMA（13）。還好，在等待了相當長一段時間後，交易訊號逐漸增多，EMA（13）也一直沿用至今。

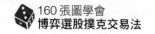
如果用 EMA（13）來判斷趨勢，就要用 EMA（13）來平倉。但如你所知，放棄使用 MACD 柱線的原因之一，就是它的反應過快；使用 EMA（13）的原因之一，就是它更慢、更穩。這一建倉優勢到平倉時變成了劣勢，因為它太慢了，導致在平倉時要回吐太多的利潤。

那怎麼才能讓利潤回吐得少一點的呢？有以下幾種方法。

海龜法則建倉和平倉的條件都是突破，但它建倉使用的，是前 50 個交易日或 20 個交易日，屬於較長的突破週期。而平倉時選用的是前 20 個交易日或前 10 個交易日，屬於較短的突破週期。借鑒這一特點，建倉參考用 EMA（13），那麼平倉的時候可以選用 EMA（8）。

還可以將 EMA 線在平倉時換成 SAR，它能更快地追蹤趨勢，當價格運行變緩慢時，SAR 與價格越來越近，可以使我們很快逃離即將反轉的趨勢，保住大部分利潤。但我用了一段時間的 SAR 後，發現它的優點很明顯，缺點也很明顯。價格只要寬幅震盪一下，SAR 就立刻被觸發了，導致有時雖然我們能及早地離場保住利潤，但有時過早地平倉以至於後半程踏空，這就得不償失了。

那麼趨勢線是不是更能符合趨勢的特性呢？平倉時我又開始畫趨勢線，當價格下破趨勢線後，默認為趨勢完結。在這些方法中，畫趨勢線是最可信的。但畫趨勢線畢竟還是主觀的，我們使用程式化系統，就是要規避主觀分析的錯誤或誤差。

所以我現在一直使用第一種方法，即用 EMA（8）來平倉。

第二重濾網優化

「也可以使用 KD」，在《以交易為生》一書中，有這麼一行很不起眼的文字說道。當我使用 KD 後，才發現在第二重濾網中，KD 是最好用的。

可是 KD 有兩條線，一條是 K 線，一條是 D 線。我們是選用 K 值呢，還是 D 值呢？一開始我選用的是 K 值，然後發現 K 線上竄下跳，30 以下或 70 以上很容易就達到了。優化交易系統的首要任務，就是降低訊號給出的頻率，頻率越低越好。基於保守的性格，我開始使用 D 值，雖然慢，但是很可信。

　　進一步思考，在小級別 K 線圖中使用擺動指標，為的是讓擺動指標提示目前處於超買還是超賣狀態。一般情況下，D 值在 30 以下或 70 以上就可以了，但有不同說法，有些書中說是 20 以下或 80 以上，這只是程度問題而已。

　　我最終選用的是 30 以下或 70 以上，當時選擇這組數值的原因是：在第一重濾網中選用 EMA 線已經很慢了；在第二重濾網中選用 D 值就更慢了。為了調劑一下，我選擇了一組稍快一些的數值。

第三重濾網優化

　　隨著實盤測試可以進一步發現，D 值雖然比 K 值更加緩慢、更加穩重，但在現實交易中還是顯得過快。低於 30 後，就馬上給出第二重訊號，觸發成交後再停損的例子太多了，這說明系統還是不夠慢，也可能是交易得過早了。

　　如果說系統還不夠慢，請注意這兩種情況，一是 EMA 線的參數還不夠大，二是 D 值的選值還未達到極限。如果說交易得過早了，這無關第一重濾網和第二重濾網的事，問題出在第三重濾網——確定買入時機。

　　這套系統已經夠慢的了，所以可以暫時排除第一重濾網和第二重濾網的問題，直接從第三重濾網著手。我們再回顧一下，KD 向下進入 30 以下，給出買入訊號，準備做多的交易。但在這個過程中，我是在預測 D 值低於 30 後，價格接近底部或者說就是底部，且比前一根 K 線最高價高出一檔時買進。

　　可是這樣的判斷並不精準，價格比前一根 K 線高出一檔後繼續下跌的機率也相當大，我們不能用這種容易失敗的標準來做決策。D 值低於30 價格並不一定見底，可能還會繼續下跌，只因為我們使用了某種過於草率的方法進行決策，導致偽訊號過多、錯誤過多、停損過多。

　　請一定注意前面一大段的思辨內容，關鍵字是「我是在預測」，這不符合程式化交易系統的邏輯，所以應該把「預測」改為「追隨」。怎麼改？這就涉及了拐點、左側交易和右側交易的機率，如圖 7-11 所示。

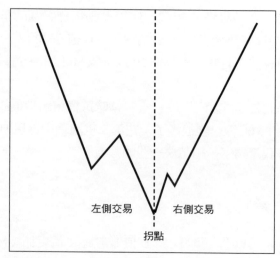

▲ 圖 7-11　拐點與左側交易、右側交易示意圖

　　拐點，是在趨勢反轉後才顯現出來的。在拐點沒有出現之前，你無法確定任何一個位置是拐點。所以，所有在拐點出現之前的交易，都是左側交易或預測交易，因為你是在預測拐點的到來。而在拐點出現後，趨勢反轉了，我們讓出一部分漲幅，在拐點右側的交易，都是右側交易或跟隨交易。

　　很多人都在預測拐點，想買在拐點上，或賣在拐點上。但預測拐點的成功率有多少？在拐點右側買進或賣出的成功率有多少？因為預測錯而虧損的錢又有多少？你多賺的那一點點，早就失去意義了。所以一定要堅持右側交易、跟隨交易，摒棄左側交易、預測交易。

　　在大漲中的回檔低點處買進，是三重濾網法的精髓所在。何時回檔結束呢？按原版三重濾網法來說，在長週期看漲的條件下，小週期 KD 低於 30 時就是調整結束之時，這不完全對。說它對，是因為這時候確實接近回檔底部了。說它不對，是因為接近底部並不代表底部已經出現，而這兩種情況的意義完全不同。

　　接下來的任務就是在第三重濾網上稍稍做一些改動，讓它由「預測」變成「跟隨」。跟隨的核心問題是找到拐點，但拐點在沒出現之前是確定不了的。也就是說價格在沒有上漲一段時間之前，你是看不到拐點的。這樣就與原版三重濾網法完全不同了，如圖 7-12 所示。

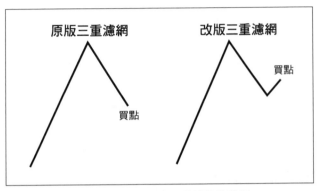

▲ 圖 7-12　改進第三重濾網的設想

在原版三重濾網中出現買點後，價格仍然可能下跌，因為價格還沒有向上拐，所以拐點沒有出現。而在改版三重濾網中，前兩重濾網的條件都符合了，在第三重濾網中也要等價格上拐一定程度之後再買入。

你可能會說，在原版三重濾網中也是出現拐點後才確定買進的，理由是前兩重濾網條件滿足後，在確定買入點時，價格要超過前一根 K 線的最高點，就形成了一個小小的拐點。

它確實形成了一個小小的「V」字形結構，但結構太小了，只由相鄰的三根 K 線組合而成，這樣的 V 字形結構非常容易被破壞。我們優化第三重濾網的目的，就是要擴大這個 V 字形結構，讓它變得更加牢固，從而降低失敗率。

所以當 D 值向下進入 30 後，我按兵不動，只記錄它剛剛進入 30 以下時，這根 K 線的最高點的價格。D 值繼續下探，可能走向 28、24 甚至更低。在這期間，價格若超過了前一根 K 線的高點也不能建倉。我要等待的是，價格超過 D 值，剛剛進入 30 以下的那根 K 線的最高價。

在 D 值下探的過程中，可能會經歷很多根 K 線。這些 K 線的價格整體是向下的，也有某一根 K 線比前一根高出一個價位，但它的方向還是向下的，並未形成反轉。經過相對較長時間的運行之後，價格開始慢慢止跌、反升，它終將會超過 D 值剛剛進入超賣區間的那根 K 線的最高價，於是就會形成一個由更多根 K 線組成的 V 字形結構。如此擴大後的 V 字形結構，準確率更高。

　　圖7-13為原版三重濾網法的交易規則。按原版三重濾網法進行交易，當D值進入30以下後，就開始等待，只要價格超過了前一根K線的最高點，便買進建倉。在價格下探的過程中，確實有一根K線達到了條件，但這只是一個短暫的假象。兩根K線過後，價格創出新低接著停損，可見三根K線的結構太不穩定了。我們將結構擴大以後會發生什麼呢？

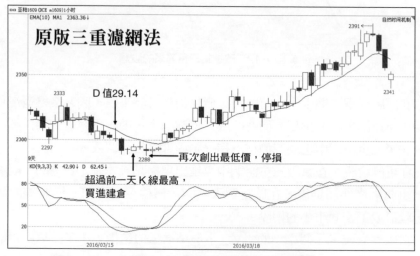

▲ 圖7-13　　原版三重濾網交易示意圖

　　圖7-14為改版後的三重濾網交易圖，在D值探入30以下之後，我記錄這根K線的最高點，然後坐觀其變。價格繼續下探，D值也不斷向下。其間不論價格如何運行，只要不超過那根K線的最高點，我便不出手。

　　價格轉了一圈後，反轉向上突破了D值一開始進入30以下的那根K線的最高點後，買進建倉。共經歷了9根K線，9根K線構成的V字形結構，要比3根K線構成的V字形結構更加穩固，準確性更高。

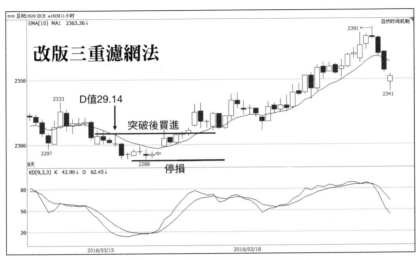

▲ 圖 7-14　改版三重濾網交易示意圖

　　其實你已經看到了，停損的幅度還是很小的，或許你會認為，這麼小幅度的停損，自己完全可以接受，其他條件符合的再接著交易就可以了，無論如何，後面這一波趨勢還是能趕得上。

　　在這個例子裡這樣想是沒錯的，但我想說兩點：第一，多次頻繁的停損，哪怕幅度很小，都會影響你對該系統的信心，進行程式化交易最重要的就是對系統的堅持；第二，如果不是這個例子，在很多情況下，停損幾次後價格便會開始下跌，導致前面兩重濾網不再符合條件，這筆交易就無法繼續進行下去，那麼你將只能承受這段時間內高頻率的停損代價。

　　所以不如讓這個系統的節奏再慢一點，結構再大一點，訊號再少一點，準確率再高一點。

　　三重濾網法只交代了交易策略的問題，並沒有交代每次訊號的交易規模是多少。其實這個問題我們可以借鑒海龜法則的一些做法，甚至可以將它整套搬過來，只是在三重濾網法中，建倉位發生了變化而已。

期貨市場得到的經驗和教訓

這裡要說的是筆者在期貨市場中交易時遇到的一些問題。一般期貨合約有三個接力的合約，在任何一個時段，都會有兩個合約流動性足夠，我們應交易哪個合約呢？最初的時候，我只交易成交量最大或者持倉量最大的合約，認為其他都屬於次要合約，可以先不看。

不要隨便更換標的

有一次我持有焦碳合約近月的多單，因為臨近合約換月了，我就把近月多單平掉，換成了遠月合約。可是近月合約一路上漲，遠月合約不僅不漲反而下跌。在這之後，不論哪個合約是主要合約，我都會把三個合約的數據記錄下來，列在備選範圍內，不讓任何一條魚漏網。

有明顯不適訊號時不交易

有一些明顯不能交易的情況出現時，我們要果斷放棄，比如現在某個品項合約已經給出交易訊號了，但它馬上要進入交割月，進入交割月後保證金會上漲很多。並且，臨近交割月的合約，所能提供給我們博弈的時間和空間都在縮小，會喪失非常多的可能性和不確定性。

不論是在股票市場中還是期貨市場中，如果有一些明顯的技術訊號出現，例如頂背離，但當時卻給出了買進訊號。此時，我們最好先暫時迴避，雖然可能迴避錯了，錯過了一波行情。可是市場這麼大，機會有很多，慢一點、穩一點才是較好的做法。

不要主觀臆測

既然選擇程式化交易，千萬不要人為地進行估計。我剛開始運用三重濾網法的時候，正好趕上商品期貨的一大波下降趨勢，我錯誤地認為下跌已經臨近尾聲。如果現在還跟著賣出訊號做空的話，很可能要跟在趨勢的尾巴上了，到頭來還要停損。從那以後，做空的訊號即使出現，我也不做了，只等做多的訊號。我的想法是讓行情走一個循環，然後從「零點」開始做。

可是我的估計是錯誤的，從那時起，幾乎所有大宗商品期貨的價格又都繼續下跌半年。我不僅錯失了這些賺錢的機會，還在各種做多交易中反覆停損。從最初的虧損中找原因，不單單是我的系統沒有最終完善，也存在著在空頭市場反覆做多的原因，也就是我主觀地預測行情，而預測本身就是錯誤。

一致性交易

在遵循交易系統機械地進行交易時，可能很多時候都沒有出現交易訊號，你就會變得不耐煩。當系統出現訊號卻連續停損的時候，你又會懷疑自己是不是做錯了。甚至在利潤回吐的時候，我都在懷疑自己，是不是又錯了？是不是系統失靈了？

其實這就是我們說過的，追蹤趨勢類系統只在有趨勢時起作用，在無趨勢和趨勢反轉時，運用這一系統進行交易都會虧損。回吐利潤和適當停損都是遊戲的一部分，是你必須付出的成本。

在一個交易週期中，三天內獲利增長，兩天內利潤回吐。在賺錢的三天內，我會無法控制地自滿膨脹。在虧錢的兩天中，我會把自己痛罵一頓。雖然內心如此煎熬，但這並不代表我不再遵守這套系統了，畢竟既然用這套系統賺到了錢，為什麼不繼續用下去呢？

不要用錢試

最後，千萬不要在系統未成熟之前，拿真金白銀來測試交易系統。當一

切完備之後再投入也不遲，保守一點，會讓你在市場中的勝率更高。

由於三重濾網法涉及兩個級別的圖表，如果你選用週線來判斷趨勢，那就要在日線級別上操作。如果你選用日線來判斷趨勢，那就要在小時線級別上操作。這對於回測來說，增加了非常大的難度，我之所以沒有回測而直接使用這套系統，一是因為我被這套系統的理念深深吸引了，二是回測的難度太大、工作量太大。

結果就是我用了大半年的時間虧損了 30% 後，才完善了這套系統。在其後的半年中，我用它賺了 71% 左右。如果半年內就有如此成績，那麼一年呢？就算一年只有 35% 的回報率，如果能持續下去的話，獲利也十分可觀了。

說實話，回報率過高，是我一直所擔心的事情。因為回報率太高，也說明了我們與市場的擬合程度非常高，那麼當價格走勢發生一點變化，對該系統都會是一次絕大的打擊。所以我建議大家也不必直接使用我的方法，最好能將回報率再調低一點，也就是要讓這套系統再寬鬆一些、適應的範圍更廣泛一些。

第 **8** 章

良好的資金管理，
是永遠不下「牌桌」
的保證

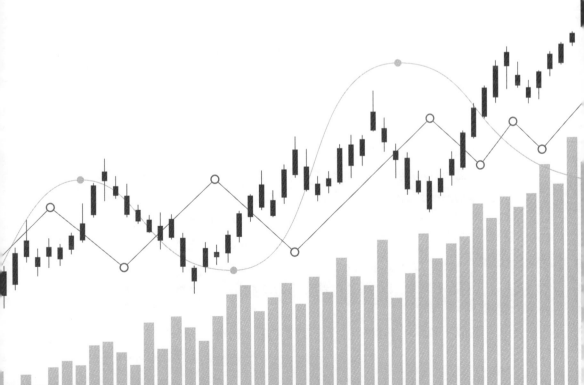

有科學化的下注方法嗎？

如果你是將軍，你手中的資金就是你的兵。如何調兵遣將，是一門學問。既然在策略部分我們是以博弈遊戲開始的，那麼在資金管理部分，還是從博弈遊戲說起。如果你帶著 1 萬元去玩 BlackJack，熟知策略之後，你打算一次下注多少呢？

如果此時 BlackJack 牌局的分值為 5，那麼你贏的機率大致可以估算為 70%；反過來說，你輸的機率為 30%。如果你一次全下了，萬一碰到了 30% 的機率，那你只能下桌了，因此這 30% 也可以稱為你的破產機率。

如果你只下注一半呢？輸一次的機率是 30%，連續輸兩次的機率為 9%。那麼你的破產機率為 9%，還是很高。如果你只下注 1/4 呢？在分值不變的情況下，連續輸 4 次的機率為 0.81%。破產機率低於 1%，那麼還是值得一試的。

若第一次下注 1/4，也就是 2,500 元。如果贏了，下一次下注多少？在這裡必須注意，雖然說「下注 1/4 籌碼的破產機率低於 1%」，但每局你仍然有 30% 輸的機會。那麼這次贏了，下一次也未必一定會贏，所以你還得慎重考慮下注問題。

通常 BlackJack 玩家會採用「贏後翻倍」的方法。總資金一共 1 萬元，第一次下注 2,500 元，若贏得 2,500 元，共 12,500 元。贏後翻倍加注，下注 5 千元。如果再贏了，你共有 17,500 元，再翻倍下注到 1 萬元。如果第三局也贏了，你共有 27,500 元。

1 萬元在短短幾分鐘之內變成了 27,500 元，這確實能讓人眼睛發亮。但這樣下注科學嗎？

看似不科學，其實很科學。在贏了第一局後，你得到了 2,500 元。第二

局下注 5,000 元，如果輸了，看似輸了 5,000 元，但去除剛剛贏的錢，你真正失去的只有 2,500 元。如果連贏兩局後，你有 17,500 元，翻倍下注 10,000 元，如果輸了還剩 7,500 元，你還是只失去了 2,500 元。也就是說，翻倍下注，贏了翻倍贏；輸了，只輸掉自己每次下注的那部分而已。

聽起來是不是很科學？那第四次呢？在分值為 5 的情況下，獲勝的機率是 70%，那麼連贏兩次的機率是 49%，連贏三次的機率為 34.3%，已經遠遠低於中位值 50% 了。連贏四局的機率是 24.01%，而每輸一局的機率是 30%，第四局也贏的機率已經低於每輸一局的機率了，當然要就此收手。翻倍下注後，我們再從一個單位開始下起，也就是再從 2,500 元開始下注。

這樣的下注方法，能保證輸的時候，每一局只輸掉一個單位籌碼，贏的時候卻加倍獲利。在分值為 5 的情況下，連輸 4 局的機率低於 1%，這並不代表一定不會連輸 4 局，只是說機率很低而已。如果真的連輸 4 局，數學也幫不上你什麼忙了。

那麼我們再回到牌局的開始，為了避免運氣太差，你最好還是將 1 萬元分成 3 份，每份約 3,333.33 元。再從每一份中拿出 1/4 來下注，也就是大約 833.33 元。如果連續三次都運氣不好，我想你最好永遠都不要再碰這個遊戲了。

8.2

用凱利公式，
量化應投入的資金

　　翻倍下注是最基本的下注方法，也可以理解為最基本的資金管理方法。有沒有更加量化的方法呢？有，並且它以公式的形式出現。這個公式叫作「凱利公式」，也被稱為「凱利方程式」。它是約翰‧凱利（John Kelly）在 1956 年出版的《貝爾系統技術期刊》中發表的，可用以計算每次遊戲中應投注的資金比例。

　　聽起來很麻煩，但可以把它理解成，它是讓每一分錢發揮最大效用的公式就可以了。其公式如下。

　　F＝(bp−q)÷b

　　F：下注資金比例

　　b：投注可獲得的賠率

　　p：準確率

　　q：失敗率

　　在 BlackJack 遊戲中，如果能拿到 BlackJack 的話，賠率是 1 賠 1.5。但更多情況下是 1 賠 1，所以我們設定 b 為 1。若分值為 5 的時候，我們獲勝的機率大約為 70%，那麼失敗的機率則為 30%。用凱利公式來計算如下：

$$F＝(bp−q)÷b＝(1×70\%−30\%)÷1＝40\%$$

　　分值為 5 的情況下，最好能拿出總資金的 40% 來下注，也就是 4 千元。

　　如果輸了，那只剩下 6 千元了，那就拿 6 千元的 40% 來下注，也就是 2,400 元。這樣看起來，好像比我們說的翻倍下注更加激進，所以我建議在凱利公式的基礎上，將總資金分成 3 份，即用 3333.33 元的 40% 來下注，雖然獲利較慢，但相對上安全一些。

那麼這種方法用在交易上行不行呢？根據 RangeBreak 系統的回測數據，在 863 筆交易中，獲利的交易筆數為 516 筆，準確率約為 59.79%，失敗率則為 40.21%，這樣 p 和 q 的值就確定了。盈虧比約為 1.49，意味著冒 1 元的風險，可以賺到 1.49 元，也可以理解為賠率為 1.49 元，那麼 b 的值也確定了。計算過程如下。

$$F = (bp-q) \div b = (1.49 \times 59.79\% - 40.21\%) \div 1.49 \approx 32.80\%$$

按照結果，我們將拿出總資金的 32.80% 進行交易。

如果分子是負數的話，那麼總比值也將為負數。如果系統失敗率大於盈虧比與準確率的乘積，代表這個系統已經死亡了，不值得再投入任何資金了。準確率過低，失敗率過高，這樣的系統還值得要嗎？那要看盈虧比如何了。

如果系統準確率很低，但是每次虧得少賺得多，這樣的系統其實比準確率高，但盈虧比低的系統要好得多。現實中就有這樣的交易系統，那就是海龜法則。根據海龜法則的回測數據，它的準確率僅為 34.38%，但它有著高達 6.0661 的盈虧比。如果盈虧比的比值越高，也就代表這套系統值得花更多的錢去冒險。計算過程如下：

$$F = (bp-q) \div b = (6.0661 \times 34.38\% - 65.62\%) \div 6.0661 \approx 23.56\%$$

看來海龜系統雖然賺得比其他系統都多，但按照這種方法來計算的話，它比 Rangebreak 系統要差。但海龜法則有著自己的資金管理方法，也正是因為其獨特的資金管理方法，才會成為在我們回測的所有系統中，獲利最高的系統。

8.3

BlackJack 和股票市場大不同

凱利公式最初是為 AT&T（美國電話電報公司）貝爾實驗室物理學家約翰・凱利，根據同事克勞德・夏農（Claude Shannon）於長途電話線雜訊上的研究所建立。凱利公式之所以著名，是因為它被凱利的另一名同事索普應用於 BlackJack 和股票交易中。

但 BlackJack 和股票市場有著本質的不同，BlackJack 遊戲的輸贏是有比例的，或 1 賠 1，或 1 賠 1.5。但股票市場不一定，賺錢還是不賺錢，不是靠著準確率，這一點你看一下海龜法則的回測數據就可以知道了。除了準確率，還要看盈虧比。盈虧比是交易的關鍵，問題也出在這裡，因為交易中的盈虧比是不確定的。

你可能會問，我們的回測數據不是給出了盈虧比數據嗎？不能直接用嗎？可以用，但這個數據使用起來並不保險。盈虧比隨著交易的不斷進行會發生變化，變化很細微，因為那是大量的交易平均化的結果。而單次盈虧比或大或小，若突然出現一次非常大的單次盈虧比，平均盈虧比基本不會變化太多，但對持倉規模較大的交易，損失就比較大了。

假設你現在有 1 萬元，可以交易 1 張，1 天賺 100 元，1 個月 20 個交易日，1 個月賺 2 千元。那麼你賺到下一個 1 千元，需要 100 個交易日，5 個月的時間。此時你的資金達到 2 萬元，交易合約數量可以達到 2 張，每天就會賺 200 元，再賺 1 萬元只需要 50 個交易日，2.5 個月的時間。據此，增加交易合約數量的時間會越來越快，具體如表 8-1 所示。

《短線交易秘訣》的作者拉里・威廉姆斯，給了一個非常生動的比喻，最開始只擁有 1 張合約的時候，你是坐在樹根，每賺了 1 萬元就加倍持倉，如此進行下去，樹枝會不斷地分权，你也會越坐越高。隨著樹枝越分越細，

你交易的合約也越來越多。只要輸掉一筆，你就會聽到樹枝清脆的折斷聲。

若每筆虧損也是 100 元的話，交易 10 張就要損失 1,000 元。也就是賺的時候只賺 1%，但是 1 筆虧損就是 10%，賺 1 虧 10，可不是一筆好生意，這就是在交易中使用凱利公式的弊端。

表 8-1　每增加一張合約數量所需要的時間

交易合約數量（張）	需要交易日	月
1	100	5
2	50	2.5
3	33.33	1.67
4	25	1.25
5	20	1
6	16.67	0.83
7	14.29	0.71
8	12.5	0.63
9	11.11	0.56
10	10	0.5

按 8.2 節中的例子，資金使用率為 32.80%，也就是你用 1 萬元中的 3,280 元進行交易。平均盈虧比是 1.49，那麼一筆交易大約賺 4,887.20 元。此時你已經有了 14,887.20 元了，再用 38.80% 的資金一約 4,883.00 元進行交易，再賺一次，你將得到約 7,275.67 元，具體如表 8-2 所示。

表 8-2　應用凱利公式的資金管理

初始資金額	資金使用額	獲利額	期末餘額
10,000	3,280	4,887.20	14,887.20
14,887.20	4,883.00	7,275.67	22,162.87
22,162.87	7,269.42	10,831.44	32,994.31
32,994.31	10,822.13	16,124.97	49,119.28
49,119.28	16,111.12	24,005.57	73,124.85
73,124.85	23,984.95	35,737.58	108,862.43
108,862.43	35,706.88	53,203.25	162,065.68

單位：元

你只進行了 7 筆交易,就從 1 萬元變成了 16.21 萬元,是不是很痛快?盈虧比是 1.49 的話,那麼虧盈比就是 1.49 的倒數 0.67。當你有了 16.21 萬元的時候,拿出 32.80% 進行交易,約為 53,157.54 元。虧損的百分比是 67%,只要錯一次就要虧損約 35,615.55 元。那麼現在剩多少錢了呢?剩 126,450.13 元(162,065.68 － 35,615.55)。

我們再拿出 32.80% 的錢,約為 41,475.64 元,再虧損約 27,788.68 元,本金剩餘 98,661.45 元。賺了 7 次,虧了 2 次,共虧損 63,404.23 元(162,065.68 － 98,661.45),約是 39.12%(63,404.23 ÷ 162,065.68)。

這麼算來,RangeBreak 系統的勝率高達 59.79%,而盈虧比也達到了 1.49。僅從這兩組數據來看,這絕對是一個非常優秀的交易系統。但我們類比了 9 筆交易,賺 7 筆,虧 2 筆,準確率達到 77.78%,盈虧比未變還是 1.49,虧損幅度竟然高達 39.12%。這麼大的虧損幅度,對任何一個系統來說,都不是一個好兆頭。

你可能會說,如果先虧後賺,虧損幅度就不會那麼高了,好,我們再算一算。其他條件不變,1 萬元中拿出 3,280 元進行交易,虧損百分比為 67%,大約虧損 2,097.60 元,本金剩餘 7,802.40 元。再拿出 32.80%,約為 2,559.19 元。

再虧損一次,大約虧損 1,714.66 元。此時總虧損 3,812.26 元,虧損幅度約為 39.12%。兩組數據是相似的,不論你如何交易,在我們設定的 77.78% 準確率的情況下,總虧損幅度還是一樣大。

看來凱利公式只能用於基於算牌法的 BlackJack 遊戲中,而不適用於股票交易。這個問題還告訴我們,加倉時不能直接按照賺了多少錢就相應加多少倉來計算。那麼,我們除了凱利公式還能用什麼呢?

8.4

股票市場中真正適用的公式

　　先不管加倉的問題了，首先要看你應該在最初的交易中投入多大規模的資金。準確率、盈虧比其實與資金管理沒有關係。著名的海龜交易法則的資金管理，只與 ATR 有關，與準確率、盈虧比無關。所以想要徹底弄清楚資金管理，就要先拋棄準確率、盈虧比，從最根本的思考起。

　　還記得我的回測數據中，有「連續最大虧損金額」這一項嗎？如果你遭遇了一次連續最大虧損，可能就做不成交易了。那麼我們除了拿出最低交易保證金以外，還需要另外準備一份可能遭遇的「連續最大虧損」。

　　由於我們沒有拿具體的股票來做回測，只用來回測的上證指數，不能計算實際的交易必需金額，所以以期貨中的 RangeBreak 回測數據為例。在期貨交易的回測數據中交易 5 個品項，每個品項準備 5,000 元的保證金，5 個品項共需要 25,000 元準備金。最大虧損金額為 16,600 元，那我們至少要準備 41,600 元。

　　但交易中可能還會出現這種情況：先是出現了一次連續最大虧損，然後開始獲利，但獲利並不能彌補最大虧損額。接著又開始虧損，當然最大虧損額並不是一個接一個出現的，這次出現的虧損次數和數額都小一些。但這種間隔的兩波虧損，也會侵蝕你的最低交易保證金，所以我們還得再準備一些資金。

　　你可以準備 1.5~2 倍的連續最大虧損額，再加上最低交易保證金。所以需要準備 49,900~58,200 元，才能開始進行交易。但這是必需準備的最低金額，如果有突發事件，資金還是會有些許欠缺，所以再多準備一點會更加安全。

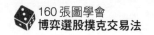

我們再往更深層次想一想，你願意拿出總交易資金的多少冒一次險呢？我們用上證指數 RangeBreak 系統來舉個例子，在這個系統中，它的準確率為 59.78%，那麼失敗率則為 40.22%。連續 2 次失敗的機率約為 16.18%。具體如表 8-3 所示。

表 8-3　連續失敗次數的機率表

連續失敗次數	連續失敗機率
1	40.22%
2	16.18%
3	6.51%
4	2.62%
5	1.05%
6	0.42%
7	0.17%
8	0.07%
9	0.03%
10	0.01%
11	≈0.00%

保守起見，連續失敗 11 次的機率非常小，這麼小的機率雖然並不是完全沒有可能出現，但畢竟還是太小了。所以我打算把資金分成 11 份，也就是拿出總資金的約 9%（1/11）來冒險。有意思的是，在上證指數的 RangeBreak 系統中，最大連續虧損筆數也恰好為 10。

按拉里的原話說，假如你的膽子比較小，就用總資金的 5%；如果自認為是普通人，就用總資金的 10%~12%；如果你能接受一定風險，就用總資金的 15%~18%；而如果你是風險愛好者，就用超過 20% 的總資金。

其實我們完全可以根據系統回測中最大連續虧損筆數，來確定將資金分成多少份，每次拿其中的一份來進行交易。

上證指數的 RangeBreak 系統最大連續虧損為 10 次，我們就把資金分成為 11 份，約為總資金的 9%。RangeBreak 的 ATR 改良版中最大連續虧損為

7 次，我們就把資金分成 8 份，為總資金的 12.5%。RangeBreak 期貨版，最大連續虧損為 9 筆，我們就把資金分成為 10 份，為總資金的 10%。

接著，我們需要把每筆交易都設想為最壞的結果，也就是回測數據中的單筆最大虧損。那麼用來進行交易的資金，必須要承擔得起最大單筆虧損。由於上證指數無法給出具體的金額，所以只能用 RangeBreak 期貨版中的數據舉例。在 RangeBreak 期貨交易中，單筆最大虧損為 6,880 元。

假設我們拿出 x 元，再將 x 元分成 10 份，每份 x/10 元。x/10 元必須能承受得起單筆最大虧損金額，那麼總資金至少要有 68,800 元。若按我們剛剛給出的例子，49,900 元是遠遠不夠的。

若你有 15 萬元，你能做幾張 RangeBreak 期貨交易合約呢？算法為（150000 ÷ 10）÷ 6880 ＝ 2.18，只能做 2 單位期貨交易。

當我們不斷地賺錢，也可以按照這個公式進行加倉。因為按照最大連續虧損，將總資金分成了若干小份，這就代表著我們能承受得住最大連續虧損。每個小份又去承受最大單筆虧損，這就代表著既能承受住最大連續虧損，也能承受住最大連續單筆虧損。還記得連續虧損 10 次的機率是多少嗎？約為 0.01%。

當最大連續虧損筆數刷新紀錄後，重新修改分子；當單筆最大虧損刷新紀錄後，重新修改分母。

基本上任何一個研究程式化交易系統的人，都可以開發出一款準確率極高、盈虧比極高的系統來。但在實際操作中，可能沒有幾天就被迫停止交易了。

準確率高達 90% 的系統每次獲利 1 千元，連續獲利 9 次就是 9 千元。但隨後發生一次虧損 2 千元的交易，就會讓你的獲利變成 7 千元，這還可以接受。再連續獲利 9 次，利潤變為 16,000 元。遇到一次單筆最大虧損 1 萬元，你的利潤就只剩下了 6 千元。但在虧損之前，你加倉了，那你就得虧損 2 萬元，不但利潤全沒了，還倒虧 4 千元。

這就是資金管理很重要的原因，我們必須防止最大單筆虧損的出現，並且要設想每天都有可能出現最大單筆虧損。

第 **9** 章
菲阿里四價的回測系統，算出⋯⋯

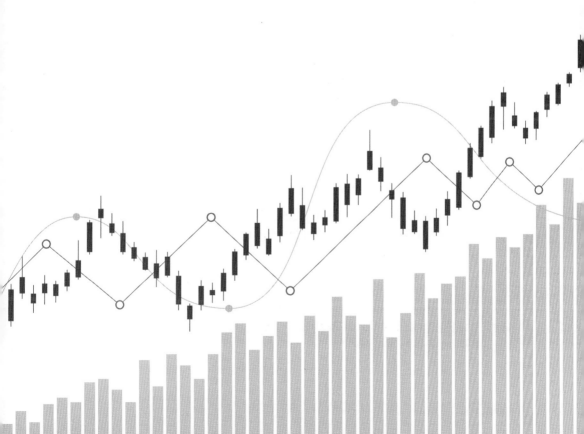

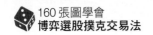
「菲阿里四價」是指哪四價？

　　菲阿里四價是根據昨日收盤價、昨日最高價、昨日最低價和今日開盤價建立的短線交易系統。 菲阿里四價系統是由後人總結，並不是菲阿里（Fairy）親自所說的。這套系統只是一個交易策略框架，其間包含著菲阿里的交易理念。

　　從目前掌握的數據來看，RangeBreak 系統的發明者也是威廉指標的發明者，即拉里·威廉姆斯（Larry Williams），除了威廉指標和 RangeBreak 系統，他還有更多成就。

　　1987 年他還是一個無名之輩時，參加了在美國舉行的交易比賽。一年後，拉里把 10,000 美元的初始資金變成了 1,147,607 美元，翻了約 114 倍，這使他成為了那一年比賽的冠軍，這個比賽隨後被稱為「世界盃交易錦標賽」。10 年後，拉里的女兒為了紀念拉里奪冠 10 年，也參加了這項比賽。在這次比賽中，她將 1 萬美元變成了 110,094 美元，成為當年的交易冠軍。

　　2000 年，日本也舉行了類似的比賽——Robbins-Taicom 期貨冠軍賽，當年的冠軍就是我們將要講到的菲阿里。如果按每週的獲利來計算排名，菲阿里在歷時半年的比賽中，從未從週冠軍的寶座上離開過。他的最終收益率是 1098%。這樣的成績，在美國的歷屆比賽中也可位居前三名。

　　菲阿里和當年的亞軍炭谷道孝合著了一本書《1000% 的男人：期貨冠軍奇蹟的買賣方法》，該書前半部分由菲阿里所著，後半部分由炭古道孝所著。菲阿里以日記的形式寫作，所以你很難看到他的交易理論和交易方法。除非你研究他每筆交易和所配的圖形，再根據他的文字提煉出他的方法，但這實際操作起來非常困難。

9.2

菲阿里四價操作技巧

　　菲阿里四價是後人總結出的菲阿里的交易方法，它並不代表菲阿里的所有交易精髓。我們從外部來看只能看到形式，所以只好在菲阿里四價的基礎上加入我們自己的理解，看看能不能形成一種有效的方法。

基本策略

　　菲阿里四價基本方法為：上軌＝昨日最高點；下軌＝昨日最低點。價格向上突破上軌時做多，價格向下跌破下軌時做空，收盤平倉。

　　可如果按照這種方法來交易，只涉及了昨日最高點和昨日最低點兩個價位，最多也只能稱作「菲阿里二價」。昨日收盤價和今日開盤價並不在公式中，它們是剩餘的主觀分析部分。

正常情況的交易

　　正常情況下，菲阿里四價很容易操作。如圖 9-1 所示，開盤價處於前一根 K 線的區間內。當價格向上突破前一根 K 線的最高價或最低價時，我們可相應地建立多單或空單。如果一切順利，可以持有到收盤時平倉。

　　圖 9-2 中，最左側的 K 線最高價為 2,109 元，所以當第二根 K 線突破 2,109 元時，在 2,110 元建立多單，持有到 2,207 元收盤，獲利 97 點，每張獲利 970 元。

　　但是如果 K 線上破高點或下破低點後，又回到原來的區間內，該怎麼辦？圖 9-3 就是在上例的基礎上演變得來的，當價格向上突破最高價或向下

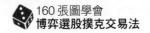

跌破最低價,之後再次回破當日開盤價時,要立刻停損。這就是當日開盤價
在交易中的作用。當然這也是我對菲阿里交易理念的理解,並不一定是菲阿
里交易理念的原意。

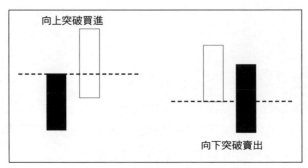

▲ 圖 9-1　菲阿里四價的正常情況

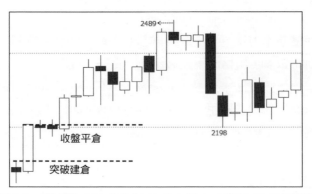

▲ 圖 9-2　螺紋鋼 1601 合約 2016 年 6 月 24 日至 7 月 27 日走勢圖

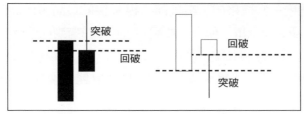

▲ 圖 9-3　突破後回破當日開盤價情形

圖 9-4 還是螺紋鋼 1601 合約同時間的 K 線圖。在圖中的最上部，最高價為 2,489 元的 K 線，突破了前一根 K 線的高點 2,466 元。按照方法應在 2,467 元建立多單。但價格上漲至 2,489 元後開始回落，最終回破了當天的開盤價 2,456 元，所以我們在 2,455 元賣出平倉。虧損 12 點，每張虧損 120 元。

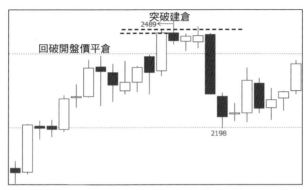

▲ 圖 9-4　螺紋鋼 1601 合約突破前日最高價後回破開盤價

可問題並不是如此簡單。如果給出訊號後，走勢一騎絕塵，那自不必多說。但若是突破前日最高、最低價後，價格短時間內就反覆穿越當日開盤價，那我們就會陷入反覆開倉、反覆停損的情況。所以在這種情況下，就要求助於小級別的小時線圖。

來自內部的支撐

圖 9-5 為豆粕 1701 合約 2016 年 7 月 11 日至 8 月 5 日日線走勢圖。圖中 8 月 4 日的最後一根 K 線，上穿前一根 K 線的最低點 2,917 元，在這之前先做好準備，打開小時線圖。8 月 5 日開盤第 1 根小時線的 K 線就上穿了 2,917 元，但沒多久就向下回破開盤價，隨後再次回破 8 月 4 日的收盤價。這兩個價位一旦沒有支撐住，就必須停損。2,918 元開多，8 月 4 日收盤價 2,912 元停損，虧損 6 點，每張虧損 60 元，於是再等機會。

如圖 9-6 所示，停損後兩個小時，K 線再次上破 2,917 元，此時再次買入。但此次與上次不同的是，第一次買入價格直接下跌，當日 K 線沒有參考

位,只能以當天的開盤價和前日的收盤價作為參考。第二次是在價格先向下運行,再上破前日高點後買入的。我們堅持的原則是「誰主張誰舉證」,也就是哪根 K 線突破,就哪根 K 線停損。

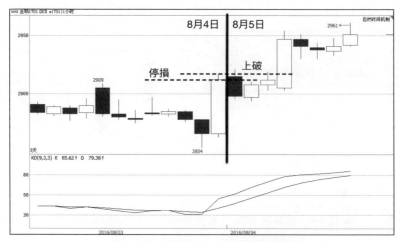

▲ 圖 9-5 豆粕 1701 合約突破後回破

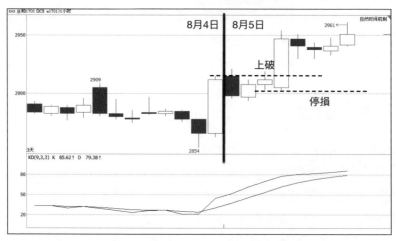

▲ 圖 9-6 豆粕 1701 合約第二次突破買入

　　那麼8月5日第3根K線向上突破，就以第3根K線的最低價作為停損點。幸好價格一路向上，並未觸發停損點。當價格運行至第4根時，它突破了第3根K線的高點，那麼第4根K線繼續破新高，就換成第4根K線的最低點為停損點。以實例來看，這兩根K線的最低點都是2,903元，所以停損價不變。

　　第5、第6、第7根K線都沒有繼續上破第4根K線的高點，所以停損位在這三根K線運行期間，維持不變。直到第8根K線上破了第4根K線的高點，停損價移至第8根K線的低點，如圖9-7所示。

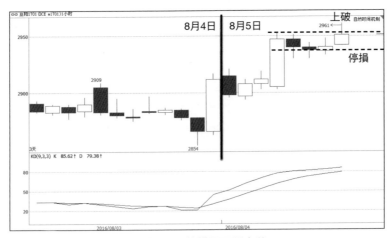

▲ 圖9-7　停損價不斷上移

　　第8根K線走完之前，價格都沒有觸發停損。我們是短線交易，所以第8根K線也是8月5日最後一根K線，收盤平倉。第二筆交易是2,918元買進，在2,951元收盤平倉，獲利31點，每張獲利310元。結合第一筆交易，共獲利25點，每張獲利250元。

來自外部的威脅

　　以上我們說的，都是開盤價位於前一根K線的區域內，若是開盤價出現了跳空，跑到了前一根K線的範圍外怎麼辦呢？這有兩種情況，第一種情況

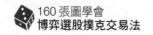

是跳空開盤後順勢運行，第二種情況是跳空開盤後逆市運行。圖 9-8 為第一種情況，圖 9-9 為第二種情況。

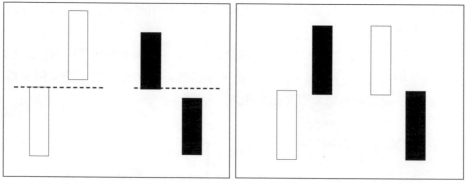

▲ 圖 9-8　跳空後順勢運行　　　　　▲ 圖 9-9 跳空後逆勢運行

　　跳空開盤對於菲阿里四價法有著不小的考驗。直接開盤就破了前一日的最高價，但離前日最高價很遠，此時還要不要買進呢？如果買了，它離理論建倉點太遠，一旦價格反向運行，可能找不到停損錨點。但若是價格強勢上漲，這一波漲幅肯定不小，不買又會踏空，所以陷入了左右為難。

　　若想解決這個問題要配合基礎統計數據，看當天是星期幾。例如上證指數日線，每個星期五的上漲機率幾乎都超過了 50%，那麼我們在星期五遇到這種情況就要先買入，再考慮停損的問題。若是在星期四出現這種情況最好先迴避，因為星期四的上漲機率小於 50%。不論是上證指數還是個股，限於 T+1 的問題，最好用週線統計數據。

　　對於做期貨交易的讀者，我準備了一些基礎統計數據，如表 9-1 至表 9-6 所示。這些數據都是從該品項上市之日算起，至 2016 年 8 月 5 日結束。有興趣的讀者，可以在這些數據的基礎上繼續添加數據。

表 9-1　白糖指數上漲機率與日均漲跌幅度數據

日期	上漲天數	下跌天數	上漲機率	日均漲跌幅（點）
星期一	265	239	52.58%	4.09
星期二	244	275	47.01%	−1.59
星期三	267	254	51.25%	−0.49
星期四	255	262	49.32%	1.05
星期五	265	249	51.56%	−0.51

表 9-2　PTA 指數上漲機率與日均漲跌幅度數據

日期	上漲天數	下跌天數	上漲機率	日均漲跌幅（點）
星期一	233	225	50.87%	5.46
星期二	216	257	45.67%	−9.33
星期三	238	237	50.11%	−1.07
星期四	231	240	49.04%	−5.08
星期五	254	213	54.39%	2.09

表 9-3　菜粕指數上漲機率與日均漲跌幅度數據

日期	上漲天數	下跌天數	上漲機率	日均漲跌幅（點）
星期一	82	90	47.67%	−0.45
星期二	108	70	60.67%	−3.71
星期三	92	85	51.98%	0.80
星期四	83	91	47.70%	−0.09
星期五	73	101	41.95%	−4.21

表 9-4　螺紋鋼指數上漲機率與日均漲跌幅度數據

日期	上漲天數	下跌天數	上漲機率	日均漲跌幅（點）
星期一	179	170	51.29%	1.78
星期二	164	198	45.30%	−2.97
星期三	174	189	47.93%	−2.18
星期四	162	198	45.00%	−2.15
星期五	190	168	53.07%	2.70

表 9-5　豆粕指數上漲機率與日均漲跌幅度數據

日期	上漲天數	下跌天數	上漲機率	日均漲跌幅（點）
星期一	394	371	51.50%	2.89
星期二	386	397	49.30%	−2.62
星期三	412	375	52.35%	0.78
星期四	404	378	51.66%	0.90
星期五	384	395	49.29%	−0.77

表 9-6　塑膠指數上漲機率與日均漲跌幅度數據

日期	上漲天數	下跌天數	上漲機率	日均漲跌幅（點）
星期一	223	205	52.10%	6.57
星期二	213	231	47.97%	−15.65
星期三	235	211	52.69%	0.46
星期四	221	220	50.11%	−1.68
星期五	219	218	50.11%	2.02

　　我們在基礎數據統計那一章就講過，上漲機率還要參考日均漲幅才更有意義。當上漲機率大於 50% 時，日均漲幅為負數，說明雖然上漲的機率高，但下跌的幅度更大。如果這兩組數據不統一，還出現了跳空情況，這時最好放棄。如果兩組數據的方向一致，上漲機率小於 50%，並且日均漲幅為負數，開盤價向上跳空高開，則最好不要輕易買進。

　　但數據都很配合，且方向一致時，即使開盤價向上跳空高開，也可以買進，只要做好停損就可以了。停損價只能以前一日的最高價為參考，停損是交易的一部分。

9.3

菲阿里四價系統的回測

　　短線交易系統的回測，對上證指數，只能用它的週線數據樣本。在回測細節問題上，當開盤價處於前一週 K 線之內時，按照菲阿里四價系統正常交易。如果開盤價出現向上跳空情況，則按開盤價直接買入。由於菲阿里四價系統中存在著主觀分析的情況，所以未設停損。評測結果如表 9-7 所示。

表 9-7　菲阿里四價評測

時間：1991 年～2016 年 7 月 29 日	
樣本：上證指數週線	
利潤總額（點）	6,840.2
交易筆數（筆）	695
平均每筆交易回報（點）	9.99
最大獲利（點）	799.9
最大虧損（點）	−492.94
毛利潤（點）	18,726.38
毛虧損（點）	11,886.18
盈虧比	1.5755
獲利交易筆數（筆）	416
虧損交易筆數（筆）	279
準確率	59.86%
平均毛利潤（點）	45.02
平均毛虧損（點）	42.6
最大連續虧損次數（筆）	3
最大連續虧損數額（點）	−492.94

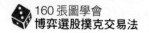

圖 9-10 為菲阿里四價法的獲利折線圖。

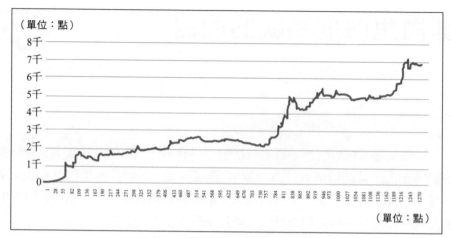

▲ 圖 9-10　菲阿里四價法獲利折線圖

9.4

利用菲阿里四價的資金管理

　　在建倉之前，基本上就已經知道建倉的方向了。當價格臨近前一日的高點時，準備建多。反之，當價格臨近前一日的低點時，準備建空。根據上文所說的停損位的方法，知道了在何處建倉，也應該知道在何處停損。

　　假設你有 10 萬元，並且以每次交易不損失總資金的 2% 為原則，那麼每次能交易的錢只有 2 千元。若你的建倉位和停損位相距 24 點，在一般商品期貨中，每點 10 元，也就是 1 張合約會損失 240 元。那麼 2 千元可以涵蓋多少張呢？

　　2,000÷240＝8.33，所以你只能建倉 8 張。若更保守地每次拿出總資金的 1% 來交易，那只能做 4 張合約。

　　只要後續價格有一個小時突破了前期高點，停損位追隨著小時 K 線的最低價向上推進，基本上連續兩個小時向上破高後，停損位即可變為停利位，不會再虧損了。

　　當然這裡也有你的主觀判斷，若價格向上的動力較弱，幾個小時內獲利較少，並且停損位一直沒有變為停利位，那麼可以放棄以小時線最低點為停損位的方法，改為以建倉位加一檔價格為停利位。

　　為什麼要加一檔價格呢？是為了付手續費，即便價格上漲的動能很弱，也不至於虧損，這種應用存乎於一念之間。如果不具備主觀分析能力，按規定交易也沒錯。

　　多個系統可以同時使用，換句話說，我們有了獲利，在掛入了停利單後，已經鎖定了利潤。同時 RangeBreak 系統也給出了買進訊號，此時可以順勢加倉。

　　加多少倉位呢？這又是一個問題。基本上，你加倉後也要設置停損位。總的原則是，加倉後總的停損額度不能超過獲利額度，也就是不論你加多少，都要在所賺的錢限度內。

　　最後，我們可以在軟體的公式管理器中輸入以下公式，圖 9-11 即為菲阿里四價指標，其中 U 為上軌，D 為下軌。

　　U：REF(H,1)

　　D：REF(L,1)

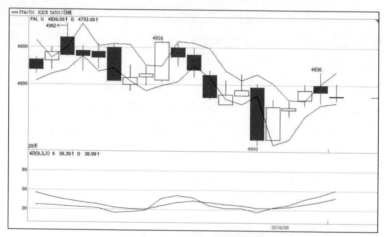

▲ 圖 9-11　菲阿里四價指標

第 10 章

從經典的技術分析，
學量化的交易技巧

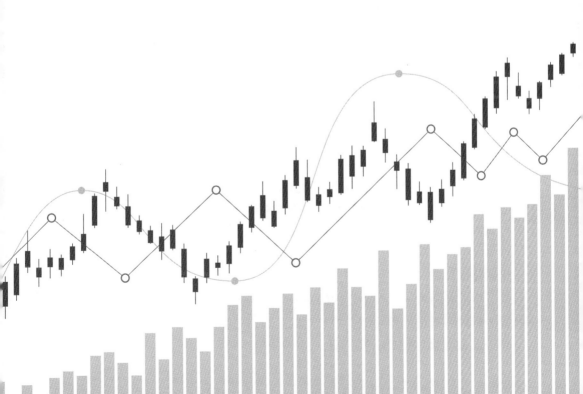

10.1

每次的交易都是程式化

量化和程式化，聽起來好像是專屬於電腦工程的。然而交易雖然是一種技術，但它更是一種藝術。交易方法的使用講究天人合一，講究與市場融為一體。

因為不論是說的人還是聽的人，想弄清處任何一件事，包括交易，都要有理性的求知欲。

程式化就在身邊

量化後的程式化交易還是存在兩個問題：第一，程式化是不是建立在各種技術指標之上的；第二，如果是，那麼技術指標中存在未來函數，這個指標就不太可靠。

其實你的每次交易都是程式化的。先說說什麼是程式化交易，官方的定義是：程式化交易系統，是指設計人員將交易策略的邏輯與參數輸入電腦程式中進行運算後，將交易策略程式化。

但凡不是不經思考就做決定的交易，都可以算得上是程式化交易。為什麼這麼說？假如一個人是靠移動平均線策略進行交易的，短期均線上又長期均線則做多，短期均線下又長期均線則做空。又比如，價格突破前期高點則做多，價格突破前期低點則做空。這就是程式化交易，只不過它沒有將這個策略編成程式，然後把一切操作交給電腦，這種方法姑且稱之為半自動化。

可更多時候，你會遇到那種貌似菁英級人物的存在，他們憑藉著主觀分析，忽而根據波浪理論做多，忽而根據價格形態做空，並且在交易過程中夾雜著其他各種名目的分析方法。他們使用工具都是信手拈來，每次都不一

樣。這種交易也是程式化交易嗎？

其實，這也是半自動程式化交易。只不過是將所有的技術分析融會貫通後，再用一根繩子穿起來，該用什麼的時候就用什麼。比如用波浪理論看到價格已經走完前一級別下跌的 C 浪，那麼必將啟動新級別的推進 1 浪。此時我會在這裡，先找到 K 線圖的底部反轉形態，如錘子線、倒錘子線、刺透形態、抱線形態。

K 線圖形態具備後，我會在原下跌 C 浪上畫出一條下降趨勢線，等待價格向上突破這條趨勢線。接下來，均線會形成多頭排列，運行一段時間後，再次擰成一股繩，均線再次聚合，等待下次發散。再接下來會出現雙重底、三重底或頭肩底等價格形態。價格在底部時，會出現如此之多的特徵，看似雜亂無章，其實也有章可循。如果將它編成程式呢？有興趣的讀者可以將它編為 A、B、C、D、E、F 共 6 個程式，只要價格走勢符合其中某 3 個或 4 個，便做多。

在外人看來，做多條件一下子是 A、B、C，一下子是 D、E、F，一下子是 A、D、E，好像並不算程式化，但其實這就是程式化。

只要遵循著某種理性的分析而產生的交易，都是程式化交易。只不過沒有數字、沒有程式，看起來不像而已，但不像不代表本質不是。

量化堆積成策略

《海龜交易法則》的作者柯帝士‧費思說，程式化交易就是搭積木。各種程式化交易，都是從最常見的幾種方法中組合而成的。這些經典技術的分析方法就是積木，最後搭建成形的東西就是交易系統。積木都是一樣的，能搭建成大廈還是草棚，就看搭建者的本事了。

那有哪些積木呢？最常見的就是移動平均線，還有各種技術指標。比如，當 MA5 上叉 MA10，同時 K 線上叉 D 線時，做多。這就是用積木搭建出的，一個非常簡單的交易系統。

還有一些系統是用基礎數據來搭建的，比如 RangeBreak 日內沖銷系統，它只用 4 個基礎數據「開盤價、最高價、最低價、收盤價」來搭建；或者海龜法則的交易策略，它以價格突破最近 50 個交易日的高低點為依據來建倉，

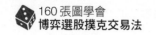
以價格突破最近 20 個交易日的高低點為依據來平倉；以及菲阿里四價系統與空中花園系統等，但這些都與技術指標無關。

所以先回答第一個問題，程式化交易系統並不都是建立在技術指標之上的，只有一部分是。

交易系統建立的基礎是技術指標，與它的好壞沒有必然聯繫。聞名於世的程式化交易系統──三重濾網法，就是基於技術指標來搭建的。

第二個問題是未來函數。打個比方，你可能見過這樣一些指標，在盤中它會在盤面上提示「買進」、「賣出」的訊號，有些以箭頭指示。當價格符合某些條件時，這些訊號就出現了。但價格是變化的，價格變化到不符合條件時，這些訊號又消失了。它一會兒出現一會兒消失，我們還能靠著未來函數無限制地進行交易嗎？不能！

基本上，技術指標都有未來函數。比如移動平均線，MA5 上叉 MA10 時做多；在某一價格處上下，指標會像彈簧一樣，即叉即離，或叉或離。KD 存在這種情況，MACD 也存在這種情況。

只要是帶兩根線的指標，都存在這種情況。如果選用一根線的指標，由於一根線的指標通常都有零軸，那麼在這根指標線穿叉零軸時，我們還是會面對同樣的問題。

不要畏懼未來函數

未來函數的問題好像無解。這種無解的東西，放到交易系統裡應該怎麼用呢？用法有如下兩種。

一種是單純使用法。比如雙均線法，短期均線上叉長期均線時做多，短期均線下叉長期均線時做空。這種方法看起來十分普通，但我們可以做個回測試試。

目前還沒有方法能在長期範圍內，比雙均線法的獲利更高，那我們為什麼不用？因為價格在大部分時間內都處於震盪狀態，也就是均線失效的狀態。此時用雙均線法會產生大量的偽訊號，資金會受到長時間、大規模的侵蝕。

雙均線法的使用，我們以日 K 線為例。均線就是未來函數，一下子有

上又一下子沒上叉。在一個交易日中，這種情況可能會重複出現很多遍。

　　價格是變化的，但變化到什麼時候？這是關鍵問題，變化到收盤，收盤後它就不動了。那你等它不動的時候再買進對嗎？不動那就到收盤了嗎？

　　如果你這麼問，我想問你 14：59：50 的時候，它再次發生變化的可能性是不是已經特別小了？當 14：59：50 的時候，MA5 上叉 MA10 基本上已經確定下來了，此時，你就可以買進。

　　或者你會擔心這樣的操作不準確，說不定它真的在 14：59：50 就變了，特別當其正處於關鍵價位時，價格的微小變動都會導致變化發生，那你可以選擇明天開盤時買進。第二天開盤時，前一天的變化已經確定了，此時就不會再發生變化了。

　　一般情況下，使用帶線的指標都是追蹤趨勢類系統。那麼差一天再買，價格即使發生跳空，對於隨後的趨勢來說也差不了太多。

　　另一種為複合使用法。我用原版三重濾網法來舉例，只簡單說一下它的策略，當日線趨勢為上升趨勢時，尋找小時線 KD 的值低於 30 的情況。當價格突破了它之前一根 K 線的最高點時，買進。

　　此時我們使用的指標是 KD，它也具有未來函數的屬性。但是在這裡，它不要求 KD 雙線交叉來提示買點，而是經由 KD 的值低於 30 來提示。最後的交易確認也不是用指標來確認的，而是經由價格的突破來確認的。

　　那麼還是那個問題，在這個小時內，KD 值可能一下子在 30 之上，一下子在 30 之下，這怎麼辦？一個小時很快就會過去，KD 值現在處於 30 之下，那就等。等這個小時過去，若 KD 值還處於 30 之下，那就進入「狙擊」範圍了，只要等待價格突破就好了。

　　如果在這個小時內 KD 值剛剛進入 30 以下，價格就已經向上突破了前一根 K 線的高點，那是否還買進？其實你會發現，當價格上漲時，隨著價格突破了前一根 K 線的高點，KD 值也早已回到 30 之上了。

　　在這種情況下，三個條件中有一個條件不符合，這筆交易自然也就取消了，不存在 KD 是否有未來函數的問題。

10.2

投資人必懂的 3 大理論 &
4 次量化結果

一切技術分析方法的源頭，都應歸於道氏理論。而我所想表達的，就是一部技術分析發展史，也是一部對道氏理論的量化史，對此我們必須先弄清楚什麼是道氏理論。

先了解經典的道式理論

道氏理論是查理斯・道（Charles Dow）、威廉姆・皮特・漢密爾頓（William Peter Hamilton）和羅伯特・雷亞（Robert Rhea）3 人的研究結果。查理斯・道是道瓊公司（Dow Jones&Company）的創辦人，也是《華爾街日報》的創辦人之一，在 1902 年過世前擔任過該報編輯，他首先提出了股票指數的觀念，道瓊工業指數於 1895 年誕生。1897 年他又提出道瓊運輸指數，因為他認為這兩項指數可以反映兩大經濟部門的生產與分配。

查理斯・道本人並未將他的觀點組織為正式的經濟理論，但他的朋友 A.J. 尼爾森卻試圖這麼做，並於 1902 年出版了《股票投機入門》一書，尼爾森正式將查理斯・道的觀點稱為道氏理論。

漢密爾頓在查理斯・道的指導下研究，他是當時道氏理論的最佳發言人。查理斯・道過世後，漢密爾頓在 1903 年接替查理斯・道擔任《華爾街日報》的編輯工作，直至 1929 年過世為止，他繼續闡揚與改進查理斯・道的觀念，這些內容主要發表在《華爾街日報》。另外，他也於 1922 年與羅伯特・雷亞共同出版了《股市晴雨表》一書，並使「道氏理論」具備較詳細的內容與正式結構。

雷亞是漢密爾頓與查理斯・道的崇拜者，他從 1922 年到 1939 年，在病

榻上勉強工作，利用兩人的理論預測股票市場的價格，並有相當不錯的收穫。經由週詳的研究，雷亞使道氏理論具備較嚴謹的原則與方法論，他還公佈了第一組道瓊工業指數與道瓊運輸指數的每日收盤價圖形，並附有成交量。

雷亞對於道氏理論的貢獻極多，他在道氏理論中納入成交量的觀念，使價格預測又增加了一項根據。另外，他也提出相對強度的概念，雖然他並未採用這項名稱。

道氏理論有 5 大內容

道氏理論的方法為以下 5 點內容。

(1) 價格有三種走勢，三者可以同時出現。第一種走勢最重要，它是主要趨勢，整體向上或向下的走勢，被稱為多頭市場或空頭市場，持續時間可能長達數年。第二種走勢最難以捉摸，它是次級的折返走勢，是主要多頭市場中的回檔下跌走勢，或是主要空頭市場中的反彈上漲走勢。次要趨勢通常會持續三個星期或者數月。第三種走勢通常不重要，它是每天波動的走勢。

(2) 主要趨勢代表整體的基本趨勢，市場通常被稱為多頭或空頭市場，持續時間可能在一年以內，也可能持續數年。正確判斷主要趨勢的方向，是交易成功與否的最重要的因素之一，目前沒有任何方法可以預測主要趨勢的持續時間。

(3) 主要的空頭市場呈現為一種長期的下跌走勢，其間夾雜著重要的反彈走勢。它來自各種不利的經濟因素，唯有股票價格充分反映出可能出現的最糟情況後，這種走勢才會結束。空頭市場會歷經三個主要的階段：第一階段中，市場參與者不再期待股票可以維持過度膨脹的價格；第二階段的賣壓，反映經濟狀況與企業盈餘的衰退；第三階段是來自健全股票的失望性賣壓，不論價值如何，大部分人都急於套現至少一部分股票。

(4) 主要的多頭市場呈現為一種整體性的上漲走勢，其間夾雜著次級回檔走勢，持續期間平均長於兩年。在此期間，由於經濟情況好轉與投資活動轉盛，投資性的需求增加，並因此推高股票價格。多頭市場也有三個階段：第一階段人們對於未來的市場恢復信心；第二階段股票對於已知的公司盈餘

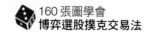
改善產生反應；第三階段投資情緒過熱，股價明顯膨脹。

(5)次要趨勢是多頭市場中重要的下跌走勢，或是空頭市場中重要的上漲走勢，通常持續3個星期至數月。在此期間，次要趨勢的幅度，為前一次次要趨勢結束後，主要趨勢幅度的33%~66%。

這與市面上經常聽到的道氏理論或許不同，但這種說法更接近於原版道氏理論。在約翰‧默菲的著作《期貨市場技術分析》一書中，將道氏理論歸結為6點內容。

(1)在市場中形成的價格包容並消化一切因素。價格的漲與跌都是受供需因素影響的，價格是供需關係的展現，甚至天災人禍都會直接反映到市場中的價格上。難以預料的事件所引起的供需影響，都會以最快的速度反映到價格上。

(2)市場具有三種趨勢。判斷市場處於上升趨勢中的條件，為上衝的價格波峰要高過前一波的波峰，上衝的價格波谷要高過前一波的波谷。你可以理解為，依次上升的波峰與波谷就是上升趨勢。如果看到依次下降的波峰與波谷，那就是下降趨勢。三種趨勢分別為主要趨勢、次要趨勢和短暫趨勢。主要趨勢為大方向，次要趨勢為大方向中的回檔或是反彈，短暫趨勢為更低級別的無意義波動。

(3)主要趨勢有3個階段的演化，這與前文所述的第3點相同。

(4)各種平均價格必須相互驗證。例如，道瓊指數與標準普爾500指數都給出了買進訊號，這就是互相驗證。也可以理解為，上證指數和深證成份股指數（簡稱深圳成指）都給出了訊號，即為相互驗證。

(5)交易量必須驗證趨勢。

(6)趨勢具有慣性，一旦趨勢發生，不會輕易改變。

以上大致闡述了道氏理論的使用方法。一旦趨勢形成，不要總想著趨勢可能發生改變；判斷趨勢形成一般依據一路上升的波峰波谷，或一路下降的波峰和波谷；在判斷趨勢的同時，參考各種指數的相互驗證情況和成交量情況。趨勢一旦形成，一般為分三個階段。但這些說起來簡單，操作起來又如何呢？

第一次量化──123 法則

　　透過波峰與波谷的排列順序，就能判斷趨勢的方向了嗎？我們一步一步來推演。如圖 10-1 所示，價格一路上升，我們可以判斷這是上升趨勢。當價格再一次下跌，並未向上創出新高，或者與前期高點持平時，表示此時上升趨勢受到了威脅，如圖 10-2 所示。當價格不再繼續向上，反而向下跌破了前期調整的低點時，表示趨勢反轉，如圖 10-3 所示。

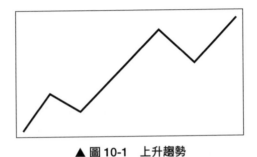

▲ 圖 10-1　上升趨勢

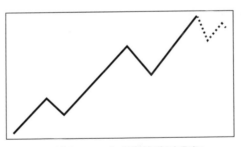

▲ 圖 10-2　上升趨勢受到威脅

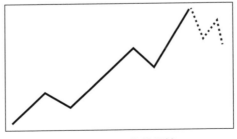

▲ 圖 10-3　趨勢反轉

但果真如此嗎？如此判斷行情走勢是不是過於草率？我們見過太多這種圖形，隨後價格大幅上漲的案例也不少。所以此時必須對這種趨勢判斷的方法進行改進，或者再給它加一個條件或篩檢程式。此時就要用到趨勢線了，如果價格沒有下穿趨勢線，它再怎麼向下跌，破波峰和波谷，都不能稱為趨勢反轉，如圖 10-4 所示。

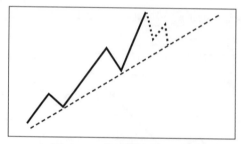

▲ 圖 10-4　未破趨勢上升趨勢線

在加入趨勢線這個篩檢程式後，結合我們說過的兩點，利用道氏理論來判斷趨勢的反轉，方法如下。

⑴ 趨勢線被突破，即價格穿越繪製的趨勢線。

⑵ 上升趨勢不再創新高或下降趨勢不再創新低。例如，在上升趨勢的回檔走勢之後，價格雖然回升但未能突破前期高點，或僅稍做突破又回檔，類似的情況也會發生在下降趨勢中。稱為試探高點或試探低點，這種情況通常（但不是必然）發生在趨勢變動的過程中。若非如此，價格走勢會受重大消息的影響向上或向下跳空，並形成異於常態的激烈價格走勢。

⑶ 在下降趨勢中，價格向上穿越先前的短期反彈高點；或在上升趨勢中，價格向下穿越先前的短期回檔低點。

這是由《專業投機原理》的作者維克多・斯波朗迪（Victor Sperandeo）總結出的，被他稱為「123 法則」。當然這 3 點也可以有些變通，第 1 點和第 2 點、第 3 點的順序可以交換。有時價格先下破趨勢線後反彈再下跌，也有時是先反彈後下跌，再下破趨勢線。只要這三個條件都符合，基本上可以判斷趨勢的反轉，但任何方法都不是絕對的，在使用 123 法則時也要做好停損。123 法則如下圖所示。

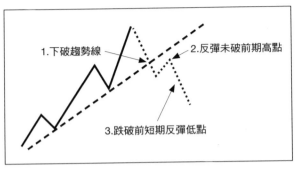

▲ 圖 10-5　123 法則

　　那麼我們現在可以說，趨勢線是對道氏理論的量化。如果沒有趨勢線的加入，僅靠波峰波谷的排列，有可能發生誤判。比如僅符合第 2 點和第 3 點條件，這很可能只是上升趨勢中某一個小小的次要趨勢。跌破趨勢線標誌著此次趨勢線之下的下跌，與趨勢線之上的上漲，是同一級別的走勢。

　　這些分析從頭到尾都只是圖形而已，怎麼能說是量化呢？其實，趨勢線就是存於平面中的一次函數解析式（y=kx+a）。趨勢線的角度就是趨勢線的斜率，也表示在趨勢線所涵蓋的範圍內，價格上漲或下跌的速率，如圖 10-6 所示。

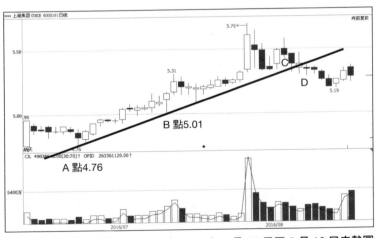

▲ 圖 10-6　上港集團（600018）2016 年 6 月 15 日至 8 月 16 日走勢圖

根據 A 點和 B 點畫出一條趨勢線，A 點與 B 點的價格分別為 4.76 元和 5.01 元，A 點與 B 點之間相距 12 個交易日，那麼很容易計算出平均每個交易日的上漲速率約為 0.02 [(5.01−4.76)÷12]。而在趨勢線之上的任何一個點 M，經由計算可得出，從 A 點至 M 點的平均漲幅都超過 0.02。相反地，在趨勢線之下的任何一個點 N，經由計算可得出，從 A 點至 N 點的平均漲幅都低於 0.02。

例如 C 點的收盤價為 5.45 元，距離 A 點的時間是 28 個交易日，平均漲幅約為 0.025[(5.45−4.76)÷28]。D 點的收盤價為 5.34 元，距離 A 點的時間是 31 個交易日，平均漲幅約為 0.019 [（5.34 − 4.76）÷31]。

上升趨勢保持著某一恆定速度，或者以更快的速度上行，如果上漲速度變慢了，趨勢當然就發生了轉變；當上漲速度小於 0 時，上升趨勢變為下降趨勢。趨勢線由二維表中的點連接而成，而點是用座標數據來表示的。你可以直接把趨勢線看成數字，趨勢線有固定的上漲速度，一旦速度變慢了，超出了趨勢線所掌控的範圍，上升趨勢就會發生轉變。

但這也不是絕對的，上升趨勢變慢也只是變慢而已，它調整了速度還會繼續上漲，那只不過是恆定的平均速度發生了調整而已，在這個時候單一使用趨勢線來判斷趨勢是否發生轉變，就顯得不太可信。所以還需要道氏理論中波峰和波谷位置的配合，形成123法則後就有雙重保險，才能讓我們利用經過了趨勢線量化後的道氏理論，來判斷趨勢的反轉。以上是趨勢線對道氏理論的第一次量化。

第二次量化──價格形態

在 123 法則演化的過程中，逐漸發展出了價格形態分析法，也就是頭肩頂、雙重頂、三重頂等形態。這是對道氏理論的另一種量化。在 123 法則的範圍內，只要波峰波谷的排列位置和順序稍稍發生一些變化，就形成了價格形態。圖 10-7 至圖 10-12，分別為從 123 法則中轉化而來的頭肩頂、雙重頂、三重頂、頭肩底、雙重底、三重底的示意圖。

那價格形態是如何展現量化的呢？反轉價格形態只量化了趨勢反轉時的道氏理論，它經由峰谷排列配合 123 法則，在視覺上給出了非常直觀的效果

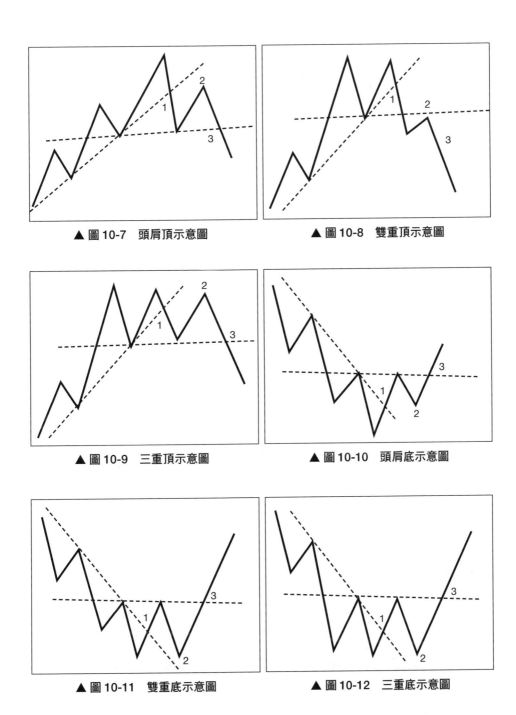

▲ 圖 10-7　頭肩頂示意圖

▲ 圖 10-8　雙重頂示意圖

▲ 圖 10-9　三重頂示意圖

▲ 圖 10-10　頭肩底示意圖

▲ 圖 10-11　雙重底示意圖

▲ 圖 10-12　三重底示意圖

圖，讓晦澀的道氏理論經由「看圖說話」輕鬆展現。價格形態的基礎是道氏理論，而道氏理論轉捩點的表現形式，也非價格形態莫屬。以上是123法則對道氏理論的第二次量化。

先問問自己交易的前提

很多人不會提問題，甚至會隨便拿出一張圖來問你：「你怎麼看？」但「我怎麼看」，絕對不是你想知道的答案。所以一般情況下，有人問我這個問題，我通常會回這麼一句：「願聞將軍之志。」

什麼是「將軍之志」？它是你交易的前提。你是做長線還是短線？你是想瞭解技術分析給出的結論，還是想從基本面上進行判斷？沒有這些前提，我就算想為你提供諮詢都無從下手。

圖10-13所示是上證指數1992~2016年月線圖，如果有人拿這張圖來問你怎麼看，應該怎麼回答？

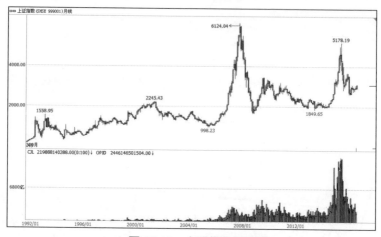

▲ 圖10-13　上證指數月線圖

當然先看趨勢。從長期來看，這是上升趨勢，如圖10-14所示。波峰和波谷不斷向上抬高，至少在目前的圖表中，沒有出現123法則。這條上升很緩慢的趨勢線，支持著指數不斷向上攀升。

▲ 圖 10-14　長期上升趨勢

　　若從局部看，如圖 10-15 所示，波峰波谷不斷降低，它還處於下降趨勢當中。但若從更小的局部來看，它又變成了上升趨勢。由於這個局部太小，我們只能用相對小級別的週線圖表來看。如圖 10-16 所示，指數上破趨勢線，又向下回測，沒有超過前期低點，再次向上穿過回測的起點，完全符合 123 法則，這就是上升趨勢。

▲ 圖 10-15　局部下降趨勢

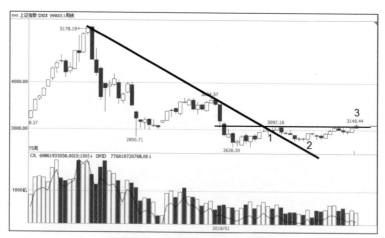

▲ 圖 10-16　更小局部的上升趨勢

　　在一個圖中至少可以看到三種趨勢，即道氏理論中的三種趨勢——主要趨勢、次要趨勢、短暫趨勢。主要趨勢看漲，次要趨勢看跌，短暫趨勢看漲。若要問我對這張圖怎麼看？如果我有時間我會告訴你這三種意見，如果沒時間，只會對你說我不知道。

　　提問者如果問：「我想長期持有，現在是不是一個好的入市點？」或者他問：「我想做個波段，現在買進可以嗎？」哪怕他問：「我想做個短線，三五天之內有沒有大機率上漲的可能？」我們都可以針對他的問題來回答，但更多人只是想從你嘴裡聽到明天是否會上漲而已。

　　「願聞將軍之志」的重要性展現在道氏理論上，就是要區分級別。圖10-17是最簡單的主要趨勢與次要趨勢示意圖，這也是最基本的「積木」單位。主要趨勢是向上的，次要趨勢是主要趨勢中的修正走勢，這一點非常重要。主要趨勢是全部折返的總和，而次要趨勢是在主要趨勢內部，與主要趨勢方向相反的修正走勢。我們通常都會犯一些錯誤，即把每一個向上的走勢說成主要趨勢，那是因為我們只看到局部而沒有看到整體。

　　舉一個簡單的例子，身體中的所有元素構成了「人」，而「人」就是整體，也可以說成是主要趨勢。而體內的五臟、四肢、九竅等是局部，也可以說成是次要趨勢。只有構成整體才能說這是一個「人」，所以像圖10-18那樣區分主要趨勢和次要趨勢的方法是錯誤的。

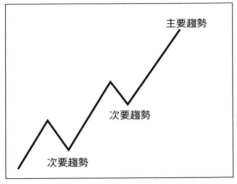

▲ 圖 10-17　主要趨勢和次要趨勢示意圖

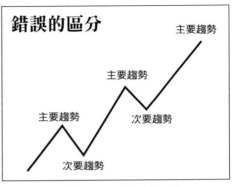

▲ 圖 10-18　錯誤的區分

道氏理論說，主要的上漲分為三個階段，那麼這三個階段連續就是兩個折返的次要趨勢了。我們將視野擴大一點，從遠處看，它又會變成圖 10-19 的樣子。

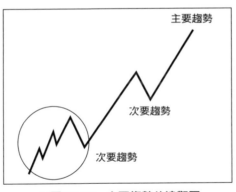

▲ 圖 10-19　次要趨勢的遠觀圖

圖 10-17 的主要趨勢，只不過是大級別的主要趨勢中的一小部分，這就是級別的問題。「願聞將軍之志」，就是你必須告訴我你想看多大、看多遠，所謀為何？因為級別不同，方法也就會不同。

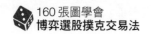

波浪理論方法論

波浪理論將道氏理論中的主要趨勢分為 3 個推進浪，連接這三個階段的兩波修正走勢，稱為調整浪。將這 5 段走勢分別用 1、2、3、4、5 來標識，分別為 1 浪、2 浪、3 浪、4 浪、5 浪，如圖 10-20 所示。

再參考圖 10-19，整體的三階段上漲走勢和兩階段修正走勢，只不過是大級別的主要趨勢的一個階段。而圖 10-20 中的 1 浪到 5 浪，只不過是大級別上升趨勢中的某一個子級別浪而已，如圖 10-21 所示。

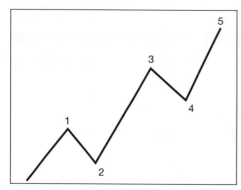

▲ 圖 10-20　主要趨勢的 5 段走勢

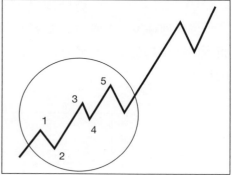

▲ 圖 10-21　某一個子級別浪的 1 浪到 5 浪

這同樣是級別的問題，各種級別的記法很多種，沒必要非要按照書中規定的方法進行記錄。一般情況下，最小級別的浪記為 1、2、3、4、5，高一個級別記做①②③④⑤，再高一個級別記做（1）（2）（3）（4）（5），再高一個級別記做 I、II、III、IV、V，以此類推。

但這樣記太複雜了，一張複雜的表中寫得滿是符號，會使分析工作的效率降低。我的記法非常簡單，比如 1 浪中的第 3 子浪我直接記成 1.3 浪，1浪中的第 5 子浪我直接記成 1.5 浪。所以對於圖 10-21 中的情況，使用這種方法標記出各浪後，就變成了圖 10-22 所示的情況。

在主要趨勢中的 3 個階段中，每個階段的內部都可以再次細分出 5 個級別的浪，圖 10-22 中的1浪，可以為分 1.1 浪~ 1.5 浪。如果將 1 浪看成是一個整體的主要趨勢，那麼 1.1 浪、1.3 浪、1.5 浪就是主要趨勢的三個階段，在

這三個階段中，也可以再次細分為 5 個波浪。比如 1.1.1 浪~1.1.5 浪，或者 1.3.1 浪~1.3.5 浪。同理，此時的 1.3.1 浪、1.3.3 浪、1.3.5 浪也可以再細分，雖然理論上可以無限細分，但在操作性上則沒有什麼意義了。

在波浪理論中，將道氏理論中的次要走勢定義為 A 浪、B 浪、C 浪。與前 5 浪相結合，組成一個完整的 8 浪循環形態，如圖 10-23 所示。

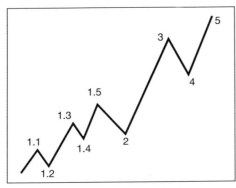

▲ 圖 10-22　各浪的標識

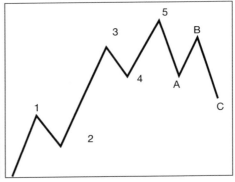

▲ 圖 10-23　8 浪循環形態

那各浪之間會有什麼變化嗎？每一個主升浪可能會演化為延長浪；調整浪也可能會出現各種變化。但這都不是重點，我們的重點是波浪理論為什麼是對道氏理論的第三次量化，利用波浪理論進行交易的方法論如下。

推進 1 浪

推進 1 浪是最難判定的，也是上漲的第一階段，所有的一切都是從它開始的。如果推進 1 浪判斷準確了，那麼恭喜，你找到了零點。

(1) 首先在前期 C 浪下跌過程中，K 線圖會出現底部反轉形態。K 線圖底部反轉形態有：啟明星形態、錘子線形態、倒錘子線形態、刺透形態、吞沒形態、底部孕線反轉形態等。

(2) 向上穿越前期 C 浪的下降趨勢線。

(3) 擺動指數（RSI，MACD，KD）與價格之間出現底背離現象。

(4) 推進 1 浪開始後，其內部子浪會形成新的、短期的上升趨勢線。一般情況下，推進 1 浪後續走勢，不會向下穿越其內部的零點與第 2 浪子浪的

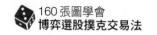
底部連接成的趨勢線。

⑸價格上漲速度如果發生變化，需要不斷調整趨勢線的角度，來適應價格的最新變化。

⑹在推進 1 浪中，價格上漲的同時，成交量也會隨著價格的上漲而上漲。

⑺如果能看到推進 1 浪的內部結構，其必然為 5 浪結構。如果沒有 5 浪結構，那麼就一定不是推進 1 浪，這是波浪理論最基本的原則。

調整 2 浪

如果你是一個真正的波段交易者，或是長線交易者，那麼尋找調整 2 浪比尋找推進 1 浪更重要。一般情況下，中長線交易者都會在第一次回檔後建倉。

⑴價格下穿推進 1 浪最新的趨勢線時，推進 1 浪結束，調整 2 浪開始。

⑵調整 2 浪會以 3 種不同的形式展現，分別為鋸齒形調整浪、平台形調整浪與持續形態調整浪。調整 2 浪與調整 4 浪的回檔方式，是可以互換的。

⑶鋸齒形調整浪，其內部結構為 5-3-5 模式，其中 A 浪為 5 浪結構，B 浪為 3 浪結構，C 浪為 5 浪結構。B 浪向上反彈的高度不會太高，調整 2 浪通常會回撤推進 1 浪的 50%~61.8%。在調整 2 浪中的 C 子浪處畫出一條下降趨勢線，價格上穿這條趨勢線時，鋸齒形調整 2 浪結束。

⑷平台形調整浪，又分為常規平台形調整浪、不規則形調整浪、內斂型調整浪與奔走型調整浪。

① 常規平台形調整浪：其內部結構為 3-3-5 模式，個別情況也會出現 5-3-5 模式，但不常見。其中 A 浪為 3 浪結構，B 浪為 3 浪結構，C 浪為 5 浪結構，A、B、C 此 3 浪的高點與低點幾乎都處於同一水平位置，形成一個震盪平台，所以稱作平台形調整。平台形調整 2 浪通常會回撤推進 1 浪的 38.2%~50%。在平台形調整 2 浪的 C 子浪處畫出一條下降趨勢線，價格上穿這條趨勢線時，平台形調整 2 浪結束。

② 不規則形調整浪：其內部結構為 3-3-5 模式，其中 A 浪為 3 浪結構，B 浪為 3 浪結構，C 浪為 5 浪結構。A、B、C 此 3 浪震盪的幅度會越來越大，B 浪的震盪幅度超越 A 浪，C 浪的震盪幅度超越 B 浪，但整體 3 浪的高點

與高點之間、低點與低點之間不會相差過遠，形成喇叭一樣的形態，在不規則形調整浪 C 子浪處畫出一條下降趨勢線。價格上穿這條趨勢線時，不規則形調整 2 浪結束。

③ 內斂型調整浪：其內部結構為 3-3-5 模式，其中 A 浪為 3 浪結構，B 浪為 3 浪結構，C 浪為 5 浪結構。A、B、C 這 3 浪震盪的幅度會越來越小，B 浪的震盪幅度小於 A 浪，C 浪的震盪幅度小於 B 浪，整體 3 浪的高點逐漸降低，低點逐漸抬高，在內斂型調整浪 C 子浪處畫出一條下降趨勢線。價格上穿這條趨勢線時，內斂型調整 2 浪結束。

④ 奔走型調整浪：其內部結構為 3-3-5 模式，其中 A 浪為 3 浪結構，B 浪為 3 浪結構，C 浪為 5 浪結構，B 浪會遠遠高出推進 1 浪的高點，C 浪運行的終點也會在推進 1 浪的高點之上。這種狀況極少出現，我們也無法預先判斷，如果在推進 1 浪後出現 3 浪結構的快速上漲，而後又跟隨著 5 浪結構的小調整，那麼就可以判斷這是奔走型調整浪了。

(5) 前期 C 浪與推進 1 浪、調整 2 浪會在底部形成各種反轉價格形態，例如，頭肩底形態、雙底形態、三重底形態、充當底部的三角形形態和圓弧底形態。

(6) 調整 2 浪向下運行，在價格下跌的過程中，成交量也會隨之萎縮。

推進 3 浪

確定推進 3 浪只有一個辦法，就是持有。

(1) 價格上破調整 2 浪的 C 子浪下降趨勢線之時，推進 3 浪開始。

(2) 推進浪中會出現持續形態的 K 線圖，如跳空窗口、向上跳空並列陰陽線、高位跳空窗口、上升三法、前進白色三兵等。

(3) 推進 3 浪運行中，其自身子浪會形成新的上升趨勢線。

(4) 隨著推進 3 浪上漲速度的不斷變化，應該不斷調整趨勢線的角度，來適應最新的價格變化。

(5) 均線系統會在推進 3 浪處形成多頭排列形態。

(6) 推進 3 浪的內部必須是 5 浪結構。

(7) 如果推進 3 浪上漲的幅度，是推進 1 浪的 1.618 倍或 1.618 倍以上，那麼基本上可以判定目前的推進 3 浪出現了延長現象，進而可以判定推進 5

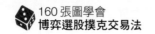

浪的漲幅與推進 1 浪的漲幅大致相同。

(8) 在推進 3 浪中，隨著價格的大幅上漲，成交量並不會追隨著價格不斷地創出新高。

(9) 在調整 2 浪與推進 3 浪形成之間，可能會出現「持續頭肩底形態」。

調整 4 浪

調整 4 浪如果沒有出現持續調整形態，而是經由鋸齒形或是平台形的方式進行調整，那將是非常恐怖的事情。

(1) 當價格向下穿越了推進 3 浪最新的上升趨勢線時，推進 3 浪結束，調整 4 浪開始。

(2) 調整 4 浪同樣會出現鋸齒形調整浪、平台形調整浪與持續形態調整浪，本章以持續形態調整浪為主。

(3) 看漲持續形態包括對稱三角形形態、上升三角形形態、下降三角形形態、擴大三角形形態、旗形形態、矩形形態、持續楔形形態等。

(4) 當價格上穿各種持續形態的上邊線時，調整 4 浪結束。

(5) 此時的均線形態由中長期均線支撐，中短期均線開始黏合。

(6) 隨著價格的停滯不前，成交量也會隨之萎縮。

推進 5 浪

推進 5 浪是上漲階段的最後一次推進，推進 5 浪是否延長，要看推進 1 浪與推進 3 浪的關係。如果有延長的傾向，那麼它將代替推進 3 浪的角色；如果沒有延長的傾向，要時刻警戒著推進 A 浪的到來。

(1) 推進 5 浪自身的子浪，會形成新的上升趨勢線。

(2) 隨著推進 5 浪上漲速度的不斷變化，應該不斷地調整趨勢線的角度，來適應最新價格的變化。

(3) 此時均線系統再次形成多頭排列形態。

(4) 如果推進 3 浪與推進 1 浪的漲幅大致相同，那麼可以判定推進 5 浪極有可能發生延長。

(5) 在推進 5 浪即將結束時，擺動指標會與價格形成頂背離的情況。

(6) 推進 5 浪在其最後的子浪中，可能會出現楔形反轉形態。

(7) 在推進 5 浪沒有延長的情況下，推進 5 浪高點所對應的成交量，通常會低於推進 3 浪高點所對應的成交量，形成量價背離的情況。

調整 A 浪

調整 A 浪是第一次大級別大幅度的下跌，在價格沒有上破調整 A 浪趨勢線之前，我們一定要經受得起各種誘惑。

(1) 當價格下破推進 5 浪最新的上升趨勢線之時，推進 5 浪結束，調整 A 浪開始。

(2) 調整 A 浪的頂部會出現頂部反轉形態，如上吊線形態、黃昏之星形態、烏雲蓋頂形態、看跌吞沒形態、流星線形態、頂部孕線反轉形態、三隻烏鴉形態、向上跳空兩隻烏鴉形態等。

(3) 調整 A 浪開始之時為完整的推進浪結束、大的回檔浪開始之時，在頂部會形成各種底部反轉形態，如頭肩頂形態、雙重頂形態、三重頂形態、圓弧頂形態、充當頂部的三角形形態等。

(4) 均線系統隨著價格快速大幅度的下跌，會由多頭排列迅速轉為空頭排列。

(5) 調整 A 浪的下跌是快速、迅猛且淩厲的，這與調整 C 浪的綿延形成了對比。

推進 B 浪

推進 B 浪比調整 4 浪更複雜，不論你是趨勢交易還是波段交易，都要遠離推進 B 浪。推進 B 浪深受短線投資人的喜愛。

(1) 推進 B 浪是調整浪中的調整浪，所以它本身是很複雜的。

(2) 均線系統由推進 5 浪的多頭排列，快速轉換為推進 A 浪的空頭排列，再轉為橫向調整的推進 B 浪，此時的均線系統會完全失效，陷入極度的混亂之中。

(3) 推進 B 浪也會以鋸齒形、平台形和持續形態三種方式展現，只是它調整的方向，與我們之前所講的調整浪的方向是相反的。

(4) 推進 B 浪的持續形態為看跌持續形態，包括對稱三角形形態、上升三角形形態、下降三角形形態、擴大三角形形態、旗形形態、矩形形態，持

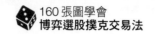

續楔形形態等,其方向與我們之前所講的看漲持續形態的方向是相反的。

(5) 在推進 B 浪中,成交量會逐漸萎縮。在推進 B 浪即將結束之時,通常會出現價漲量增的現象,這是推進 B 浪最後的陷阱,一定要注意。

(6) 在鋸齒形或平台形調整 B 浪中,將兩個低點相連接,當價格向下穿越了這條趨勢線時,確定推進 B 浪結束,調整 C 浪開始。如果是持續形態調整 B 浪,當價格向下穿越下邊線時,確定推進 B 浪結束,調整 C 浪開始。

(7) 在推進 B 浪中,有時會形成比較特別的「持續頭肩頂形態」。

(8) 不論推進 B 浪有多麼誘人,都不建議在其間進行操作。

調整 C 浪

調整 C 浪的結束,預示著下一個新趨勢的來臨。

(1) 調整 C 浪在推進 B 浪確認結束時即刻開始。

(2) 調整 C 浪中會出現 K 線圖的持續形態,如下降三法、向下跳空並列陰陽線與低位跳空等。

(3) 大多數調整 C 浪類似於「人」字右邊的一捺,遇到此類情況,我們無法用界定其他推進浪的趨勢線法來界定它。所以,在調整 C 浪中,價格每一次向上突破了下降趨勢線後,都值得一試。如果價格再回落至趨勢線下,我們要及時停損,然後再次等待機會,同時,將斜率較大的趨勢線改成斜率較小、角度較緩的下降趨勢線。

(4) 調整 C 浪中是市場人氣的最低點,各種指標都在底部徘徊,成交量也降至最低谷。

(5) 調整 C 浪一旦結束,擺動指標與價格會發生底背離的現象。

(6) 均線系統由推進 B 浪時的混亂不堪,轉向為空頭排列。隨著調整 C 浪下跌越來越緩慢,均線系統會逐漸黏合。

第三次量化——波浪理論

關於對道氏理論的量化,首先定義了主要趨勢中 3 個上漲階段的量化,也就是 1 浪、3 浪和 5 浪的量化。例如,2 浪不能低於 1 浪底部、4 浪不可以低於 1 浪的頂部、3 浪不能是最短的一浪,如圖 10-24 至圖 10-26 所示。

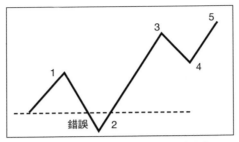

▲ 圖 10-24　2 浪不能低於 1 浪底部

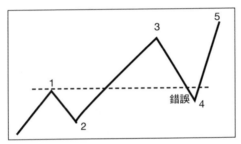

▲ 圖 10-25　4 浪不能低於 1 浪頂部

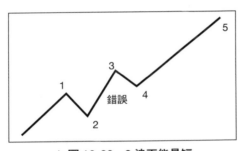

▲ 圖 10-26　3 浪不能最短

　　在推進浪中，如果某兩個推進浪的漲幅大致相同，那麼另外一浪很可能會延長，而這一浪的漲幅也大約相當於另外兩浪漲幅的 161.8%。換一種說法，如果 1 浪、3 浪等長，5 浪可能延長，並且漲幅是 1 浪和 3 浪幅度的 1.618倍。如果 3 浪延長，那麼 1 浪和 5 浪的漲幅很可能相同。1 浪延長，3 浪和5 浪的漲幅可能相同。它們之間的關係如圖 10-27 至圖 10-29 所示。

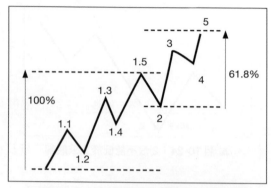

▲ 圖 10-27　1 浪延長時 3 浪和 5 浪的漲幅

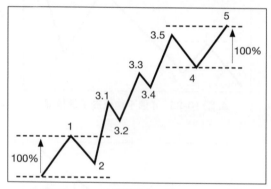

▲ 圖 10-28　3 浪延長時 1 浪和 5 浪的漲幅

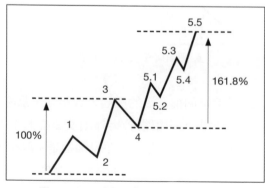

▲ 圖 10-29　5 浪延長時 1 浪和 3 浪的漲幅

　　但這只是一個大致的規定，並沒有出現數字形式的量化，具體的量化需要放到具體的案例中進行分析。例如，1 浪的起點是 1,000 點，那麼 2 浪就是這波主要趨勢中的次要趨勢，2 浪的回檔再深也不能低於 1,000 點，這就是量化；例如 1 浪的頂部是 1,500 點，那麼 4 浪回檔得再深也不能低於 1,500 點，這就是量化；例如，1 浪的幅度是 500 點，3 浪的幅度是 300 點，那麼 5 浪幅度最大不能超過 300 點，這也是量化。

　　當然 1 浪延長的可能性極小，大多情況下都是 3 浪延長或 5 浪延長。如果將上升 5 浪看成是一個整體的話，那麼 3 浪發生延長時，5 浪的漲幅佔總體漲幅的 38.2%。若 5 浪發生延長的話，5 浪的漲幅佔總體漲幅的 61.8%，如圖 10-30 和圖 10-31 所示。

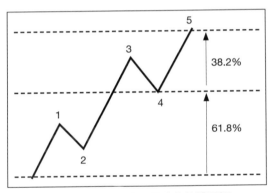

▲ 圖 10-30　3 浪延長時的整體漲幅

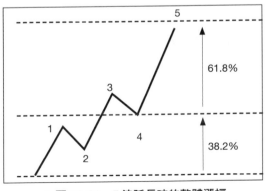

▲ 圖 10-31　5 浪延長時的整體漲幅

　　調整浪又可分為鋸齒形調整浪、擴張性調整浪和收斂型調整浪。如果是鋸齒形調整浪，A 浪和 C 浪的調整幅度幾乎相等；如果是擴張性調整浪，C 浪的調整幅度幾乎為 A 浪的 1.618 倍；如果是收斂型調整浪，C 浪的調整幅度，幾乎為 A 浪的 0.618 倍。

　　調整浪大致分為這幾種，並不代表全部的調整浪，價格形態有時也會出現在調整浪中，不過本書只是淺談量化，所以不展開敘述。各調整浪中，A 浪與 C 浪的調整幅度，如圖 10-32 至圖 10-34 所示。

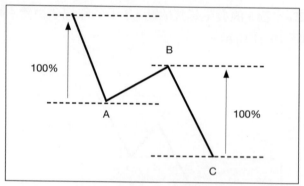

▲ 圖 10-32　鋸齒形調整浪中 A 浪和 C 浪的調整幅度

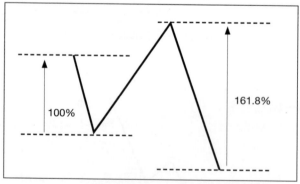

▲ 圖 10-33　擴張性調整浪中 A 浪和 C 浪的調整幅度

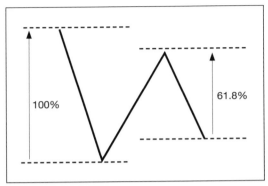

▲ 圖 10-34　內斂型調整浪中 A 浪和 C 浪的調整幅度

　　最重要的是，雖然波浪理論對道氏理論給出了每個漲跌波段的量化數據，但這只是理論上的量化，在實際走勢中並非一成不變。我們用各浪的漲跌幅度的量化數據來尋找的，只是一個價格窗口，或者說是價格範圍，切不可按圖索驥。

　　波浪理論對道氏理論的量化，其重點不在於漲跌幅度上的量化，而在於它對主要趨勢和次要趨勢的分段量化，旨在讓你知道在主要趨勢中存在著 1 浪、2 浪、3 浪、4 浪、5 浪；而其中 2 浪、4 浪為次要趨勢。這對於行情分析有著非常重要的指導意義，有助於我們解構道氏理論。波浪理論不只是具體的幅度數據，這一點尤其需要注意。

大盤的時間窗口

　　根據波浪量化的方法，它不單單可以對漲跌幅度進行量化，還可以對時間幅度進行量化。波浪理論是不斷發展的，現在有很多人在做關於完善波浪理論的工作，我認為做得最好的，是《混沌理論》這本書中提出的各種理念，有了這些巨人的成果，我們可以站在巨人的肩膀上，看得更遠。

　　上一節中，我們提到了關於波浪理論中的時間比例問題，本節我們附上《混沌理論》中有關時間的理論，不要將其作為鐵律，僅將其作為參考就夠了。

　　在波浪理論中，各浪的漲跌幅度之間的關係，是以斐波那契數列來維繫

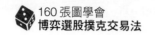

的，其實各浪之間的時間幅度也有這樣的關係，只是斐波那契數列有很多關鍵數字，比如 1、0.5、0.382、0.618、1.618、1.382 等。那麼哪一個數字是關鍵中的關鍵呢？我們無法知曉，只能一個一個地試。

圖 10-35 為深證成指從 1991 年至 2014 年的月線圖。2007 年 10 月主升 5 浪結束後，其後必然為下跌的 A 浪。從技術分析給出的大勢來看，由 1991 年開始的主升浪至 2007 年，已經有 16 年（192 個月）了。隨後的 A、B、C 浪演化的時間，必然要達到主升浪的 0.618 倍、0.5 倍或 0.382 倍。那麼 A、B、C 三浪徹底完成的時間窗口分別為 9.89 年（118.68 個月）、8 年（96 個月）、6.11 年（73.32 個月），所以最早的時間窗口為 2013 年 2 月（192 個月+73.32 個月）。

在 2007 年見頂後，96 個月內大盤見底，成就了 2015 年的大牛市，這也是技術分析所帶來的利潤窗口。

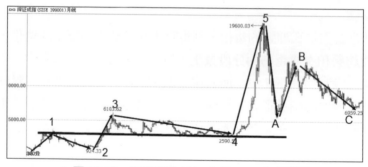

▲ 圖 10-35　深證成指 1991 年至 2014 年月線圖

如果 C 處不是 C 浪怎麼辦？這有可能是上面的浪型我們數錯了，也有可能是如圖 10-36 所示的情況，這時我們還有另外一種數法。

也就是說之前確認的時間窗口 2013 年 2 月，不是大 C 浪的終點，僅僅是 B 浪的終點，向上起一波 B 浪，還得再走個大 C 浪，才算完成。

所以不單單 73.32 個月是時間窗口，96 個月和 118.68 個月也同樣是一個時間窗口。而哪個時間窗口是真正的底呢？還要再往後看。

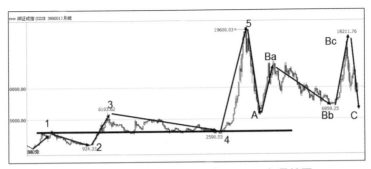

▲ 圖 10-36　深證成指 1991 年至 2016 年月線圖

　　96 個月的時間窗口是 2015 年 1 月，118.68 個月的時間窗口是 2016 年 11 月。如果後市走勢完全印證了最初的 2013 年 2 月是真正的 C 浪底部，那麼後兩個時間窗口也就沒用了；如果後市走勢還不明朗，後兩個時間窗口就會一直在背後等著我們。新的走勢出來以後，我們還要以類推的方式計算其他的時間窗口。

　　不論從解構道氏理論方面，還是從各浪漲跌幅度或是時間窗口來看，波浪理論都是對道氏理論的第三次量化。

第四次量化──混沌理論

　　混沌理論借助波浪理論，完成了對道氏理論的第四次量化。混沌理論利用 MACD（5/34/5）來判斷 3 浪、4 浪、5 浪何時結束，其準確程度，讓我們不敢相信這竟然是真的。

　　在使用 MACD（5/34/5）進行量化時，需要一個前提條件，在所觀察的 K 線圖中，K 線數量必須在 100~140 根。如果你所看到的 K 線圖只有不到 30 根 K 線，那麼請打開更低級別的 K 線圖。

　　圖 10-37 中，按照混沌理論的設定為，3 浪的 MACD 柱線比 1 浪和 5 浪的柱線高。當 MACD 柱線由高轉低再進入零軸以下時，就是 3 浪結束、4 浪開始之時。當 MACD 柱線再由零軸下方上穿至零軸上方時，就是 4 浪結束、5 浪開啟之時。當 MACD 的柱線與 3 浪、5 浪高點形成頂部背離時，5 浪結束。

▲ 圖 10-37　棉花 1701 合約 2016 年 2 月 17 日至 8 月 18 日日線走勢圖

　　圖中 3 浪所對應的 MACD 柱線圖最高，柱線逐步走低，進入零軸下方，4 浪開始。在此階段，我們唯一要做的就是平掉多單，等待 MACD 柱線由綠變紅。變紅後，預示著 4 浪即將結束，可以建立新的多單。但 MACD 柱線可能在此時會發生反覆，但也沒關係，只要調整好倉位，便可以靜待價格上漲。直到價格不斷創出新高，但 MACD 柱線卻無法跟上價格上漲的速度，形成頂背離時，5 浪結束。

　　說實話，我們很難在實際的交易中找到如此完美的走勢圖，一般情況下，5 浪與 3 浪並不會發生背離。但混沌理論對於波浪理論的量化，還有前兩條內容可以應用，最重要的是它能告訴我們 4 浪有沒有來，意義重大。

　　當價格由高走低時，我們最先應思考的是，這是幾個交易日內的一次短暫回檔，還是一個級別上的回檔。如果是短暫回檔，那就是短暫走勢，可以忽略不計。如果是一個級別上的回檔，那就是僅次於主要趨勢的次要趨勢，這樣的回檔的幅度可能更大，時間可能更長，而且是必須迴避的。

　　所以混沌理論的量化告訴我們，MACD 柱線走到零軸以下時，4 浪就來了，次要趨勢也來了，我們應該迴避這樣的趨勢。混沌理論是對波浪理論的量化，也是借助於波浪理論對道氏理論的第四次量化。

　　再來回顧一下三重濾網法，它的精髓是在上漲—回檔—上漲中，於回檔處做多；在下跌—反彈—下跌中，於反彈處做空。或者我們可以把它再延長

一下，上漲—回檔—上漲—回檔—上漲，這就是道氏理論了，在整體上漲的主要**趨勢**中，兩次回檔是次要**趨勢**，而三重濾網法就是在次要**趨勢**快要結束時買進。

關於三重濾網法，我們已經在第 7 章進行了詳細的講解，此處不再贅述。三重濾網法是利用指標對道氏理論的第五次量化。

幾乎所有的分析方法中都可以發現道氏理論的影子，它們或直接對道氏理論進行量化，例如趨勢線、波浪理論；或借助於其他方法對道氏理論進行間接量化，例如混沌理論。所以我說：技術分析的發展史，就是一部道氏理論的量化史。

回到我們的主題，為什麼要量化？並不是我在主觀上想要量化，而是這些經典技術分析走的，無一不是量化的道路，而且在量化的路上走得越來越遠、越來越細、越來越精。這是一條無法避免的必經之路，因為拋開了道氏理論，技術分析便無從下手；拋開了量化，你就拋開了所有經典分析理論。什麼都可以用數字來表述，數字表述的目的就是程式化。這就是為什麼要量化的原因。

第**11**章
統計、策略及資金管理，贏家金三角！

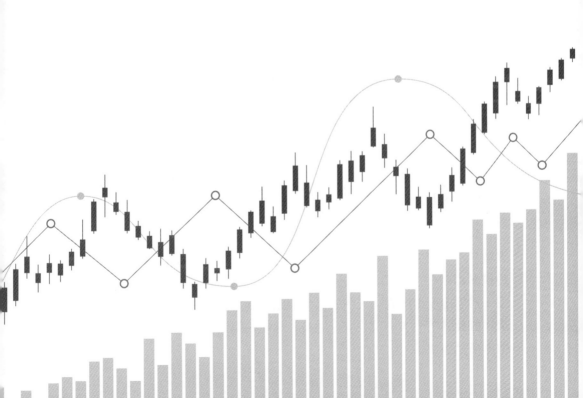

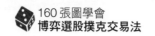
交易的三大重點：
統計、策略及資金管理

　　交易說起來非常簡單明瞭，無外乎是找一個數學期望值大於 0 的策略，並將其加入資金管理，再進行執行就夠了。但為什麼交易總是會讓人產生無盡苦惱呢？因為交易就是博弈，你就是這場博弈的參與者。

　　玩 BlackJack 的時候，你計算過機率吧，也會記一下棄牌堆裡面都有什麼牌吧，那為什麼交易時不計算機率呢？這種問題只能讓心理學家來解釋了。但既然知道短線交易其實與博弈差異不大，還要參與，那就是你的不對了。一個頭腦冷靜、會管理資金的普通人，絕對要好過一個兩光的交易員。

　　做研究的人所寫的書，通常都有詳實的數據、方法，他們都會做統計、做調查，然後產生一份數據報告，告訴你應該用什麼方法。往往無須說最後的結果是什麼，但你可以用他的方法清楚地知道自己在做什麼。

　　所以本著嚴謹，嚴肅的治學態度。我將交易解構成若干個模組，解決每個模組後再統一整合起來。這些模組大致可分為3個：統計、策略、資金管理。

機率統計

　　數據統計一直是本書的重點，本書開篇便提出了按每週 5 天的形式，來統計漲跌機率和漲跌幅度；還可以按每月 20 天的形式，來統計或者按波段統計漲跌幅度和漲跌天數；還可以將 K 線圖的各種形態的成功率和失敗率，形態出現後兩到三天內的最大漲跌幅度，以及當時的換手率如何統計出來。因此當下一次出現相同形態時，你便知道這種形態出現後的成功率和失敗率各是多少了。

　　為什麼要進行這些基礎數據的統計呢？比如以上證指數的月線進行統計，下跌幅度的平均值為 42%。先放下這個數據，看另外一個例子。

　　假設按照統計數據，男人平均壽命為 75 歲，你如果在 75 歲時去買保險，只有兩種情況，要麼保險公司不賣給你，要麼保費特別高。為什麼不賣給你呢？因為你已經達到了平均壽命，隨後的死亡機率非常高，這不是保險公司歧視你、詛咒你，因為保險公司就是利用機率賺錢的。

　　那麼我們以上證指數的月線為基準，統計出平均下跌幅度為 42% 時，和這個人已經達到平均壽命的情況是一樣的。一個噴嚏可能誘發死亡，一個利多消息可能使大盤上漲。你統計的不是某個具體數據，而是每次上漲或下跌的平均數據，有了這個平均數據，你就會大致瞭解此次上漲或下跌將在何時完結的機率。

構建策略

　　有了統計數據在手，就要根據這些統計數據構建策略。雖然平均壽命是 75 歲，但也不是人人到了 75 歲就會死；而有些下跌可能達不到 42%，有些下跌可能會超過 42%。

　　達不到 42% 的下跌，我們可以利用其他策略補救。但如果它的下跌水準超過了 42%，就被納入了「狙擊」範圍，我們要時刻盯住它，只要它滿足了我們建立多單的策略條件時，便可以出手。此時可用的策略有很多，比如道氏理論回測原來的波谷，三重濾網法要求在回檔低位時買進，RangeBreak 系統要求在達到某個爆炸點後建多。

　　策略有很多種，在我們堅持某一種策略的時候，總會有發生重大虧損和連續虧損的時候。我們在講海龜法則時說過，追蹤趨勢的交易系統只在有趨勢的時候具有作用，而在無趨勢和趨勢反轉時無作用，甚至還會產生虧損。但虧損只是賺取利潤的成本，是遊戲的一部分。

　　而更多的時候我們只看到了虧損，這時我們就會懷疑系統本身出了問題，開始思考這次是不是虧損重大，並且是連續虧損的開始？我們只從近期結果考慮問題，而不是策略本身的品質考慮問題。

　　這多少關乎一些運氣，某一個策略可能在你剛剛開始使用時，就會出現

連續的虧損,所以在選擇策略時,你只能在策略品質上多下一些功夫。畢竟運氣這種事,從來都說不清楚。

在你開始懷疑策略是否出問題的同時,可能不會繼續重新思考策略本身,而是轉向採用其他策略。在此策略不起作用時,其他策略可能恰好取得了良好的效果。最大的可能性是你會立刻換成其他策略進行交易,但這多少也關乎一些運氣,可能你換策略的時間點,又是其他策略發生連續虧損的時機。

11.2

多種策略並行，成功率更高

在一次交易中可以同時使用不同的策略，只要這個策略的數學期望值大於零。在接下來的例子中，會涉及很多種不同的策略。不過這裡還要先講一下小數定律。

小數定律

小數定律是機率論中的概念，很著名的一個例子是世界盃的 1982 軸心定律。該定律認為世界盃奪冠球隊，是以 1982 年（第 12 屆）世界盃的時點為中心，呈現對稱分佈。第 11 屆和第 13 屆為阿根廷。第 10 屆和第 14 屆為德國，第 9 屆和第 15 屆為巴西，第 8 屆和第 16 屆為東道主隊，第 7 屆和第 17 屆為巴西，其後 1982 軸心定律不再起作用。

各種稀奇古怪的規律，基本上都屬於小數定律的範疇。小數定律認為人類行為的本身並不總是理性的，在不確定的情況下，人的思維過程會系統性地偏離理性法則而走捷徑，人的思維定式、外界環境等因素，會使人出現系統性的偏見，採取並不理性的行為。

小數定律是一個偽定律，由於它的統計樣本非常小，都是一些典型事件或極端事件。用這些事件得來的經驗應用於機率上，基本上與刻舟求劍無異，只要樣本足夠多，小數定律就一定會被推翻。就像最近幾屆世界盃都脫離了 1982 軸心定律一樣。雖然小數定律在未來有可能會被推翻，但在它未被推翻之前，我們可以在有限的範圍內利用它。

例如橡膠和銅每年 12 月不是見底就是上漲，所以 12 月可做多為主。如表 11-1 所示，除了 2013 年，其他年份的 12 月都可不同程度地做多。

表 11-1　橡膠和銅每年 12 月走勢情況

時間	情況
2001年12月	見底
2002年12月	持續上漲
2003年12月	見小底
2004年12月	見底
2005年12月	持續上漲
2006年12月	見底
2007年12月	持續上漲
2008年12月	見底
2009年12月	持續上漲
2010年12月	持續上漲
2011年12月	見底
2012年12月	持續上漲
2013年12月	下跌
2014年12月	見小底
2015年12月	見底

　　這類的小數定律還有很多，例如豆粕見底的日子通常在冬至，豆油在清明節後的一週內都會上漲。更有意思、更有規律的是豆粕見大頂的日子，1996 年 9 月、2000 年 12 月、2004 年 3 月、2008 年 6 月、2012 年 9 月。每次見大頂的時間都整齊地間隔了 4.25 年。按照這個小數規律，豆粕在 2016 年見大頂的日子可能是 2016 年 12 月，所以在這之前都應以做多為主，如圖 11-1 所示。

　　此外白糖的上漲波段和下跌波段時間幾乎相等。從月線上看，第一波下跌為 2006 年 2 月到 2008 年 10 月，共 33 個月。第二波上漲從 2008 年 10 月到 2011 年 7 月，共 33 個月。第三波下跌從 2011 年 7 月到 2014 年 9 月，共 37 個月。

　　為什麼會出現這樣的規律呢？因為甘蔗每 3 年就要重新種一批，否則根莖會爛。所以才會出現近 3 年一個循環的情況。所以在不到 3 年的階段中，我們應該以做多為主，如圖 11-2 所示。

▲ 圖 11-1　豆粕見頂時間

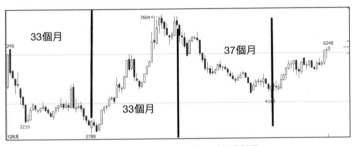

▲ 圖 11-2　白糖漲跌時間間隔

隨手交易

　　在這些小數定律沒有被打破之前，我們要充分地利用它們。例如鐵礦，經由觀察它的歷史走勢來看，在下跌中，共出現過 93 次回檔，其中只有 4 次為 3 根連續的陰線，另外 89 次皆為 1~2 根陰線。

　　所以在下跌反彈的過程，出現連續 3 根陽線，趨勢反轉的機率約為 95.7%。同理，在上漲中，共出現 67 次回檔，其中只有 2 次為 3 根連續的陰線，另外 65 次皆為 1~2 根陽線。所以在上漲回檔的過程中出現連續 3 根陰線，趨勢反轉的機率約為 97.01%，如圖 11-3 所示。

　　這其間至少存在著兩個策略和一個輔助判斷方法。在剛剛給的數據中，上漲中出現 3 根連續的陰線的時候，趨勢反轉的機率為 97.01%，此次下跌還插入了前期高點內。所以此時做空的成功機率非常高，行情繼續演化。

　　還記得 123 法則嗎？下破上升趨勢線為法則 1，價格反彈但不會超過前

期高點為法則 2，當價格再次下破反彈起點時為法則 3。此時正處於法則 2 中，至於後面將會如何演化，還要進行動態分析，如圖 11-4 所示。

所以策略是多種多樣的，可能在此時 A 策略適用，在彼時 B 策略適用。而且這種關係是遞進的，隨著行情的演進，B 策略可能會進一步驗證 A 策略。不用糾結於必須執行某一策略，只要這個策略經過你的統計或歷史的驗證，它的成功率足夠高，就可以了。

▲ 圖 11-3　鐵礦指數

▲ 圖 11-4　鐵礦指數 123 法則

11.3

如何用最小的風險，獲得最大的利潤

盈虧比計算交易規模

最後就是資金管理了，首先你要計算一下盈虧比。盈虧比即指我們要冒多大的風險，去博取多大的利潤。這個盈虧比，最好能達到 3：1 以上，也就是我們冒 1 分的風險，能博取 3 分的獲利。具體是怎麼計算的呢？

（建倉位－停損位）÷（目標價位－建倉位）≤1/3

如果停損幅度為 20，那麼你的目標獲利必須大於等於 60。拿上一個例子來說，在價格連續下跌了 3 個交易日後，我們開始建立空單，以收盤價 448.5 為準。此時非常不好設置停損位，如果以前期高點 483 為停損位的話，幅度太大了，所以我們只能用反推法來計算。

向下的第一目標位，至少是之前最近的低點處 403，那麼目標獲利幅度為 45.5（448.5 － 403），停損幅度用反推法來計算，為 45.5 的三分之一，也就是停損幅度約為 15 點，停損位為 463.5（448.5+15）。463.5 恰好與第 3 根陰線的最高位 464.5 非常接近，這也符合菲阿里四價原則。你看，策略之間的遞進及互相驗證的關係又展現出來了。

那麼經由盈虧比將停損幅度計算出來後，就要考慮交易的部位規模了。如果你有 10 萬元，我建議每次虧損不超過總資金的 2%，也就是 2 千元。而 15 點為 1,500 元，2000÷1500＝1.3，所以你有 10 萬元的話只能交易 1 張鐵礦。是不是太少了呢？其實不是，只不過是這次的停損幅度有些大而已。如果停損幅度很小，能交易的張數就會非常多。如果停損幅度只有 5 個點，10 萬元就可以做 4 張。

但任何事有利必有弊，停損幅度大，雖然交易的部位規模小，但是不容

易被震出，也就是停損機率很小。如果停損幅度小，雖然交易的部位規模大，但是很容易經過窄幅震盪被震出市場，停損的機率更高。

再者，一個市場中不會只有一個品項出現交易訊號，多策略多品項，在同一時間一定會有很多訊號同時出現。10 萬元的資金分散交易，資金利用率還是很高的，所以不必糾結於資金管理雖然安全但獲利太小這個問題。

對於更加保守的人來說，你認為每次虧損 2% 還是太多了嗎？前面說過，你的策略要經過統計數據的驗證，數學期望值要大於零，或者準確率高於 50%，或者盈虧比高，總之準確率乘以盈虧比要大於 1。我們再把部位規模公式總結一下。

部位規模＝（總資金×2%）÷停損幅度

試圖說服你的一些數據

數據總是會說服我，我想試試看能不能說服你。

如果你有 3 萬元，那麼總資金的 2% 的就是 600 元。按照我們所說的，按盈虧比 3：1 來選擇性進行交易。拿豆粕來舉例，如果停損幅度為 200 元的話，你可以做 3 張。如果你的策略成功率為 80% 的話，做 10 次交易，獲利 8 次，虧損 2 次。獲利 14,400（8×600×3）元，虧損 1,200 元（2×600），10 次交易過後，共獲利 13,200 元，獲利 44%。

那麼你現在共有資金 4.32 萬元，總資金的 2% 的就是 864 元，你可以準備下一個 10 次的交易了。獲利 8 次獲利 20,736 元（8×864×3），虧損 2 次為 1,728 元（2×864）。10 次交易過後，共獲利 19,008 元，獲利 44%。此時你共有資金 62,208 元，20 次交易後，你的本金就已經翻了一倍了。

進行 20 次交易需要很長時間嗎？用菲阿里四價配合每週漲跌機率進行交易，成功率非常高，甚至高於 80%。但是獲利幅度可能沒有這麼高，那麼我們打個對折，40 次交易後你就可以將本金翻倍。或者我們再打個對折，80 次交易後你就可以將本金翻倍，80 個交易日，只有 4 個月而已。

11.4

獲利靠時間沉澱、靠效率放大

　　本書至此就要結束了，我嘗試著把交易講述得更簡單、更科學、更具有操作性。

　　交易很簡明，無非是策略和資金管理。策略之上有機率統計，資金管理之上有盈虧比計算，但太多的人把交易想得過於複雜。

　　交易不是預測，而是跟隨。技術分析給你的並不是摸頂抄底的技術，而是跟隨的技術。而這些跟隨技術也可以用突破跟隨來總括，比如道氏理論的峰谷突破，均線、指標的交叉突破，價格形態的頸線、邊線突破。

　　策略應該建立在大機率成功的基礎之上，沒有形成的頭肩底，它的成功機率很低，因為價格形態會隨時轉換成其他的形態。突破頸線、邊線是檢驗形態是否完成的唯一方法。反證也可以說明，突破跟隨是技術分析的精髓。

　　就像我們所說的 RangeBreak 系統，當價格走過爆炸點後跟隨；就像我們所說的海龜法則，當價格突破一個時段的最高點或最低點時跟隨；就像我們所說的三重濾網策略，當價格回檔後再次形成「V」字形轉折時跟隨；就像我們所說的菲阿里四價，當價格突破前期高點或前期低點時跟隨；就像我們所說的 123 法則，當價格完成 3 個步驟後跟隨。

　　站在高機率的一邊，根據機率來制定策略，可以是單一策略，也可以是多種策略，這並不衝突。再輔以盈虧比來計算交易規模、獲利靠時間沉澱、靠效率放大。

　　做到這些，相信你一定會成功的！

NOTE

NOTE

國家圖書館出版品預行編目（CIP）資料

160張圖學會博弈選股撲克交易法：股市贏家の11堂課，教你投資其實也是一門科學！／孟慶宇著. -- 新北市：大樂文化有限公司，2022.10
256面；17×23公分. --（優渥叢書Money；58）

ISBN 978-626-7148-14-3（平裝）

1.股票投資　2.投資技術　3.投資分析

563.53　　　　　　　　　　　　　　　　　　　111012231

MONEY 058
160張圖學會博弈選股撲克交易法
股市贏家の11堂課，教你投資其實也是一門科學！

作　　者／孟慶宇
封面設計／蕭壽佳
內頁排版／江慧雯
責任編輯／林育如
主　　編／皮海屏
發行專員／鄭羽希
財務經理／陳碧蘭
發行經理／高世權、呂和儒
總編輯、總經理／蔡連壽
出 版 者／大樂文化有限公司（優渥誌）
　　　　　　地址：220新北市板橋區文化路一段 268 號 18 樓之一
　　　　　　電話：（02）2258-3656
　　　　　　傳真：（02）2258-3660
詢問購書相關資訊請洽：2258-3656
郵政劃撥帳號／50211045　戶名／大樂文化有限公司

香港發行／豐達出版發行有限公司
地址：香港柴灣永泰道 70 號柴灣工業城 2 期 1805 室
電話：852-2172 6513　傳真：852-2172 4355

法律顧問／第一國際法律事務所余淑杏律師
印　　刷／韋懋實業有限公司

出版日期／2022 年 10 月 3 日
定　　價／360 元（缺頁或損毀的書，請寄回更換）
I S B N　978-626-7148-14-3